［復刻版］

高等科修身

男子用

文部省

ハート出版

［復刻版］

高等科修身　男子用

天壌無窮の神勅

豊葦原《とよあしはら》の千五百秋《ちいほあき》の瑞穂《みずほ》の国《くに》は、是《こ》れ吾《あ》が子孫《うみのこ》の王《きみ》たるべき地《くに》なり。宜《よろ》しく爾皇孫《いましすめみま》就《ゆ》きて治《しら》せ。行矣《さきくませ》。宝祚《あまつひつぎ》の隆《さか》えまさんこと、当《まさ》に天壌《あめつち》と窮《きわま》りなかるべし。

【口語訳】

日本は、我が子孫が王として治めるべき国です。我が孫よ、あなたが行って治めなさい。さあ、お行きなさい。皇室は、天地とともに永遠に栄えることでしょう。

目録

高等科修身　二　男子用

詔勅

附録　高等科修身　一　女子用

凡例

一、本書は、文部省著『高等科修身　男子用』一・二（昭和十九年・二〇年［見本］発行）を底本としました。
二、附録に『高等科修身　女子用』一（昭和十九年発行）の、男子用と重複しない章を収録しました。
三、原則として、旧字は新字に、旧仮名遣いは新仮名遣いに改めました。
四、原則として、漢字カタカナ交じり文は漢字ひらがな交じり文に改めました。
五、底本のふりがなを整理し、新たにふりがなを追加しました。
六、詔勅には句読点を追加しました。
七、明らかな誤字脱字は訂正しました。
八、巻末に、「用語説明」と高須克弥氏による「解説」を収録しました。

〔編集部より〕
当社で復刻を希望される書籍がございましたら、本書新刊に挟み込まれているハガキ等で編集部まで情報をお寄せください。今後の出版企画として検討させていただきます。

高等科修身　一　男子用

一　稚《ち》心《しん》を去る

勤皇の志士橋本左内先生は、天保五年三月十一日、越前福井に生まれた。父は越前藩の藩医で、兄弟三人であったが、左内先生は、その長男であった。

年少の頃から才能抜群で、学問を好み、志すところも普通とちがっていた。十六歳の時、大阪に出て緒方洪庵《おがたこうあん》先生の門にはいったが、その前年に、「啓発録」という文章を作っていられる。啓発録は、「稚心を去る」「振気《しんき》」「立志」「勉学」「交友を択《えら》ぶ」という五節から成り、中でも「稚心を去る」というところに、極めて興味の深いことが書いてある。

「稚心とは、子供っぽいことである。果物や野菜のまだ熟さないのが稚で、何事によらず、稚ということを離れない間は、物の出来あがるということがない。竹馬や紙鳶《たこ》や毬《まり》の遊びを好み、石を投げ虫を捕らえることを楽しみ、甘い物うまい物をむさぼり食い、なまけ怠り、父母にかくれて仕事もせず、或《あるい》は、ただ父母によりかかって、きびしい父や兄をはばかって、と

かく母の袖にかくれるようなことは、みんな子供の乳くさい心から起って来る。このような事は、幼い間は、しいて責め立てるほどの事でもないが、十三四にもなり、学問に志すようになって、この心が、毛ほどでも残っていたとすれば、決して何事にも上達することはできない。もちろん、天下の大豪傑と成ることなどは望めない。源平の頃、また元亀・天正の頃は、ずいぶん十二三歳で母に別れ、父に暇乞《いとまごい》して、初陣《ういじん》をし手がら功名を立てた人物があった。これは、稚心がなかったからである。もし、稚心があったら、親のひざもとから少しも離れることはできず、まして、手がら功名が立てられるはずがない。稚心を取り除かなければ、士気が振るわず、いつまでたっても、腰抜武士でいなければならない。だから私は、稚心を去るということを、士の道に入る初めと考える」

今、私どもは高等科に進むにつけ、左内先生のこの一文は、実に心を打つものがある。未来への抱負も、足もとから始るのである。もとより、無邪気で水のように澄みきった童心は、大切であるが、乳くさい未熟な心、親によりかかって甘えるような心は、捨てなければならない。

君がため何か惜しまん若桜散つて甲斐ある命なりせば

とは、真珠湾特別攻撃隊員の一人として、壮烈な最期を遂げた古野少佐の歌である。少佐は、

その時まだ二十四歳の青年に過ぎなかったが、山本司令長官は、若い特別攻撃隊員の尽忠報国の赤誠に深く感動して、

「今の若い者はなどと、口はばったきことは申すまじきことと、しかと教えられ、これまた感泣《きゅう》に堪えざる次第に御座候」

と、知友にあてた手紙の中に書いていられる。

かえりみれば、明治の中頃以来、青少年は、とかく壮老年の人にたより過ぎ、ためにたくましい気魄《きはく》を失い始めた。それは、維新に際して青少年として偉大であった人々が、すでに壮年となり、老年となって、年若い人々は、それに甘え過ぎたからである。

私どもは、昭和の聖代《せいだい》に生まれて、今こそこの稚心を取り去らなければならない。もとより壮老年の人々は、青少年の指導者であり、先達であるから、敬《うやま》いの念を深くし、またその意見には、よく耳を傾けなければならない。何事も相談して、長上の深く広い知識と尊い体験に学ばなければならない。だからといって、すぐに長上によりかかる心を起してはならない。なまけたり、安逸《あんいつ》をむさぼったりしてはならない。また、いつまでも、人々にめんどうをかけるようなことがあってはならない。そんなことでは、決してわが日本の元気な青少年ということはできない。小楠公《しょうなんこう》が、桜井駅で父大楠公と別れられたのは、十一歳という幼少の時のことであった。皇国日本が、大東亜建設の大業《たいぎょう》に向かって進んでいる時、私どもは、今こそ奮然として起

ちあがらなければならないのである。

まことにわが日本の歴史は、青少年の手で飾られ染めなされた所が多い。尊い国史の成跡《せいせき》に感動した青少年たちが、次々に輝かしい歴史を展開して来たのである。日本の青少年として、私どもの行ないは、国史に輝く忠良賢哲《けんてつ》の業績に、また軍神の偉功に、断じておとるところがあってはならない。やくざ者とあざけられ、腰抜とそしられるようなことがあってはならない。祖先の美風を受けつぎ来たったこの血潮に、桜の花を咲かせてみせると、堅く心に誓うべきである。

今ここで、耳をすまして、心眼を見開こう。国初以来の歩武堂々たる青少年の大行進が見えて来る。勇ましくも、ゆかしい、また美しい進軍の姿である。皇国の道にしたがって、威風あたりを払って歩む足音が、高らかに響いて来る。

どの方面を見渡しても、紅顔の少年がいる。その後に、元気に満ちた青年が続いている。しかも無言の中に、正しく、たくましく、すなおで強くあろうと努めている。何というりっぱな姿であろう。何というたのもしさであろう。これだからこそ、日本の歴史は、いつまでも光り輝いて行くのである。

私どもも、また今その列の中に加って、歴史上の人物の一人とならなければならない。日々の修練に、日本精神の真髄を体得し、高等科生徒としての真面目《しんめんぼく》を、十分発揮しなければならない。

二　御府《ぎょふ》

桜田門外、こまやかな松の緑をうつすお濠《ほり》のほとりに立って、瑞雲《ずいうん》たなびく大内山を仰ぐと、木の間《こま》がくれに、神々しい御府の一角を拝することができる。

かしこくも明治天皇は、明治二十八年、日清の役が終ると、この戦役に没したわが忠勇な将兵の英霊を、とこしえに慰めようとの大御心から、特に吹上御苑《ぎょえん》の南に、一府を御造営あらせられた。これを振天府《しんてんふ》と御命名、陣没将校の写真を掲げ、将士の姓名を記録し、あわせて、凱旋将士の献上したあまたの戦利品を収めたまうて、その功績をしのばせられ、末長く後の世まで伝えようと、はからせられた。

この写真の蒐集《しゅうしゅう》に就いて、直々御下命を拝した人の謹話《きんわ》に、

「陣没者の写真を集めよ、との仰せを受けましたので、さっそく取り集めにかかりましたが、何分多人数のことですから、写真の無いものもあり、ようやくのことで、将校及び同相等官の分だけを、取りまとめることができました。ところで、中には浴衣《ゆかた》姿などのものもあって、お手許にさしあげることをためらいましたが、しかしそれでも苦しからずとの仰せがありましたので、そのままさしあげることになりました。陛下は、その写真に就いて、一々氏名・履歴・戦功から、父母・兄弟・妻子のことまで、こまごまとおたずねになり、永代の保存に

堪えるよう、残らず不変色の写真にせよとのありがたい仰せがありました。しかも、その写真を御手《みて》ずから額面にお挿《さ》しあそばされたのであります。なお、廃銃《はいじゅう》の木で作られたこの額縁はいうまでもなく、建物の配置・意匠から、姓名録の字体、行間のあけ方、装幀《そうてい》まで、皆陛下御みずから御指図になったのであります」

と言っている。

同じ思し召しから、北清《ほくしん》事変の後には懐遠府《かいえんふ》を、また日露戦役の後には、建安府を御造営あらせられた。まことに、

よとゝもに語りつたへよ国のため命をすてし人のいさををを

国のため命をすてしますらをの姿をつねにかゝげてぞみる

身をすてゝいさをゝたてし人の名は国のほまれと共にのこさむ

と、詠《よ》みたまうた叡慮のほどが、ひしひしと身にしみてありがたく感じられる。

明治天皇の御遺範《ごいはん》により、更に大正天皇は、大正三年乃至《ないし》九年戦役の後に、淳明府《じゅんめいふ》を造営し

たまい、今上陛下は、満洲事変の後に、顕忠府《けんちゅうふ》を造営したまうた。特に顕忠府御造営に際しては、

「写真も広く普及したことであるから、戦死者の写真は、下士官兵の分まで全部集めよ」

と仰せ出された。伝え承《うけたまわ》るだに、私どもは、今更ながら皇恩の無辺であることを覚えずにはいられない。

一身を大君《おおきみ》に捧げまつることは、もとより私ども臣民の本分である。更に、武人として戦場の華《はな》と散ることは、この上ない栄誉といわなければならない。しかも皇恩のありがたさ、臣子《しんし》の霊《みたま》を神として靖国神社にまつらせたまい、その遺影をさえ、高く御府に掲げたまうているのである。この事を思う時、私どもは、ただ感涙にむせぶほか、全く言うべきすべを知らない。

三　みくにまなび

本居宣長先生の「玉かつま」に、次のような意味のことが書いてある。「世間で学問といえば、すぐに漢籍を勉強することのように考えて、皇国の古いものを学ぶのは、特に神学とか、和学とか、国学とか言っている。しかし、これは、例の支那を主にして、皇国のものを次にした考え方で、まことによろしくないことと言わなければならない。これは、昔漢籍を学ぶことだけが行なわれて、みくにまなびを専門にする者がなかったから、自然そういう呼び方が起ったのである。しかし、近世になると、皇国の学問を専門にする人たちも、たくさん出来たから、むしろ漢籍を学ぶことを、漢学とか儒学とか呼び、皇国のものをこそ、もっぱら学問と呼ぶべきである。世間の人のものの言い方を見ると、この種の言葉を使う時に、内と外とのわきまえを知らないで、外国のものを、まるで内のもののように考えたものが多い」

くり返し読んで、味わいのある言葉である。宣長先生は又、

「まことの道は、天地の間にわたりて、何《いず》れの国までも、同じくただ一すじなり。然《しか》るに、この道、ひとり皇国にのみ正しく伝わりて、外国には、みな上古より、すでにその伝来を失えり」
と言って、皇国の道の尊さを説かれている。それにつけても、私どもが学問の道を歩む時、必ずわきまえていなければならないのは、大御心の奉体ということである。

中でも、明治天皇が、道の大本《たいほん》に就いてお示しになった教育に関する勅語、昭和の大御代、特に青少年学徒に賜《たま》わりたる勅語に就いて、日夜その奉体に心をくだかなければならない。

天皇陛下は、昭和十四年五月二十二日、宮城前広場で、青少年学徒の代表三万三千五百余名に御親閲を賜わり、又、二年後の昭和十六年同月同日には、同じ広場で、全国青年学校の男女生徒の代表三万五千余名に対して、御親閲を賜わった。青少年学徒に賜わりたる勅語は、昭和十四年の御親閲のみぎり、御式終って還御あらせられてから、宮中に文部大臣をお召しになって、賜わったものである。

勅語には、先ず初めに、

国本《こくほん》に培《つちか》い、国力を養い、以て国家隆昌《りゅうしょう》の気運を永世に維持せんとする任たる極めて重く、道たる甚《はなは》だ遠し。而《しこう》して、其《そ》の任実に繋《かか》りて汝等《なんじら》青少年学徒の双肩に在り。

と仰せられている。青少年は国力のもとであり、一国の盛衰は、青少年が、しっかりしているかいないかで定まる。かたじけなくも、親しく上御一人《かみごいちにん》から、この重い使命が、青少年学徒即ち私どもの双肩にかかっているぞ、との厚い御信任をこうむっている。更に勅語の終りには、

負荷の大任を全くせんことを期せよ。

と仰せられてある。この深い御期待を身に受けた私ども青少年学徒は、限りない光栄とその重責を、ますます深く肝に銘じなければならない。

勅語を賜わってから、ここに数年、支那事変は、そのまま大東亜戦争へと移って、今や明らかに、決戦の段階へ突き進んで来た。戦局は、まことに深刻である。ガダルカナルの転進から、山本連合艦隊司令長官の壮烈な戦死、アッツ島に於ける山崎部隊長以下皇軍将兵の玉砕というような出来事は、一億国民の胸を打ち、いつまでも忘れることのできないところで、前途容易ならぬものがあることを思わせる。国運の隆昌を双肩に荷なう青少年学徒のつとめは、極めて重大である。

青少年は、ただ国家の明日を荷なうだけのものではない。新しい世界の築かれて行く時、青

少年は、国家の今日を支えなければならないとともに、又、明日の国運にも備えるという二重の責任を持つのである。

勅語の中に仰せられてある「国家隆昌の気運を永世に維持せんとする」の道とは、今大東亜戦争に勝ち抜き、大東亜建設の大業に邁進《まいしん》するというのほかにはない。皇国は、私ども青少年学徒が、剛健な心身、強大な実践力、雄渾《ゆうこん》な気宇《きう》を養い、一切を捧げて君国に報ずる至誠を強く要求している。

青少年学徒の第一に心がくべきことは、至誠尽忠の精神に徹することである。家持卿《やかもちきょう》の歌に、大伴氏の言立《ことだて》をのべて、

海行かば水《み》づく屍《かばね》、山行かば草むす屍、
大君の辺《へ》にこそ死なめ、かえりみはせじ。

といっている。皇国に生まれて、忠を致し、命を捧げることこそ、臣民の道である。軍人にまれ、学徒にまれ、そのほかどんな地位、どんな職業にあるにしても、臣民として君国に報いる道に、変りあるはずはない。

国民の心得は、日々夜々、教育に関する勅語の中に、明らかに仰せられてあるみおしえの一

つ一つを、服膺《ふくよう》するところにある。終日の坐作《ざさ》進退、学問技能の習得に及ぶまで、一切の生活が、ことごとく皇国の道に則《のっ》とった修練でなければならない。

青少年学徒の第二に心がくべきことは、皇国の使命に就いて、深い理会と堅い信念を持つことである。大東亜戦争は、道義に基づく世界新秩序の建設を目ざしている。昭和十五年九月二十七日下したまうた詔書《しょうしょ》の中に、

万邦《ばんぽう》をして各々其の所を得しめ、兆民をして悉《ことごと》く其《そ》の堵《と》に安《やす》んぜしむる

と、明らかに仰せられてある。私どもは、この曠古《こうこ》の大業を翼賛し奉《たてまつ》るため、遠大な識見とたくましい気魄を、十分養わなければならない。

青少年学徒に賜わりたる勅語に、

汝等其れ気節を尚《たっと》び、廉恥《れんち》を重んじ、古今の史実に稽《かんが》え、中外の事勢に鑑《かんが》み、其の思索を精にし、其の識見を長じ、執る所中《ちゅう》を失わず、嚮《むか》う所正《せい》を謬《あやま》らず、各《おのおの》其の本分を恪守《かくしゅ》し、文を修め、武を練り、質実剛健の気風を振励し

と仰せられてある。この御言葉を固く心にしめ、大国民としての資質を備えることが大切である。それでなければ、大東亜十億の諸民族を率いて進むことは、到底望まれないのである。

特に、私ども戦時下の青少年は、修文練武に努め、質実剛健の気風を振るい起さなければならない。国民精神作興に関する詔書に、

国家興隆の本は国民精神の剛健に在り

とさとさせたまうてある。剛健不屈の心身を備えないで、どうして現下日本の果すべき大業を成し遂げ、世界の進展に備えることができよう。

皇国の使命と戦局の推移に、深く思いを致す時、私ども学徒は、更に一段の奮起が必要であることを感じないではいられない。本居宣長先生が、「玉かつま」で、「みくにまなび」ということに就いてのべられた根本も、全くこの皇国のため奮起することをおいて、ほかには無いのである。

四　朋友《ほうゆう》の交《まじわり》

教育に関する勅語に、「朋友相信じ」と仰せられてある。朋友の交が、極めて大切なものであることに就いて、特におさとしになったものと拝察される。

昔から、君臣・父子・夫婦・兄弟に、朋友を加えて、五倫《ごりん》ということがいわれている。朋友は、互《たがい》に励まし合い、助け合って、世の中の事に当るべきものである。明治天皇御製《ぎょせい》に、

もろともにたすけかはしてむつびあふ友ぞ世にたつ力なるべき

と、詠《よ》ませられてある。朋友が、友情を以ってむつび合い、互に助け合って、世に立つのは、ゆかしいことであり、それがそのまま国運を隆昌にする基《もとい》である。

朋友の間は、親密であることが大切であり、信を以って交わることが大切である。信とは、心に誠があって、言行にいつわりのないことをいう。しかも、言ったことを実行するためには、初めに、その事がらが正しいかどうかを、十分考えておかなければならない。そうでないと、後で果すことのできないために、不信のそしりを招くようになる。

かくて朋友は、信義を以って長く交わり、利害のために、その交を変えるようなことがあっ

杉浦重剛

小村寿太郎

てはならぬ。朋友が災厄にかかり、困窮におちいった場合には、もちろん進んでこれを救う心がけが無くてはならない。

杉浦重剛《しげたけ》先生は、安政二年近江《おうみ》の膳所《ぜぜ》に生まれ、大正十三年七十歳でなくなられた。若い時から教育のことにたずさわり、終生《しゅうせい》後進を教え導いてうまなかった。大正三年、東宮御学問所が設けられた時、召し出されて御《ご》用掛《ようがかり》を仰せつけられ、倫理科を担任して、至誠一貫、御進講の大任を果した。

先生は、高潔で重厚、又、友情にあつく、交友も少《すくな》くなかった。明治初年、まだ東京の開成学校に学んでいられた頃、小村寿太郎侯と親しくし、最後まで、その交を変えられなかった。

後年には、国運を双肩に荷なうほどの重大任務に就いた小村侯も、始めて外交官として世に出た頃は、父の残した負債のために、少からず困窮におちいった。先生は、小村侯のこの苦しみを見るにしのびず、友人と相談し、連帯保証で金を借りてこれを救おうとされた。連帯保証は、ややもすると、自分までわざわいに巻き込まれるおそれがある。友人の中には、この事に就いて、先生に注意を与え、方法を誤らないようにと、さとした者もあったが、しかし先生は、今、小村侯の目前の急を救うため、少しもためらってはいられないと思われた。そこで、連帯保証の止むを得ないことを、その友人に告げて、諒解《りょうかい》を求められた。これには友人も、もっともとうなづき、先生の友情に深く感じて、自分自身も、進んで保証に立とうと言い出した。

このようにして、先生を中心とする数名の友人は、小村侯のさしせまった困窮を救った。小村侯が、貧乏のどん底に落ちて、なおその志を伸ばすことができたのは、先生の友情に負うところが、少くなかったのである。

明治三十八年七月、外務大臣であった小村侯は、アメリカ合衆国に於ける日露講和会議に、全権委員の重任を帯び、国民歓呼の声の間に、東京を出発された。小村侯は、かねて戦局の実情を深く察して、会議の条件が国民の期待にそわず、定めて非難を受ける結果になるであろうと、覚悟を定めていられた。先生は、長く病床にあって、友の門出を見送ることができず、人に頼んで、送別の言葉を伝えてもらわれたが、なお小村侯の胸中を察する余り、

「たとい、どんな事があろうとも、あくまで自己の所信を貫ぬけ。事の成否は、あえて恐るる

に足らない」

と、奉書に認めて、これを励まされた。

ポーツマスの談判は、果して国民の期待にそわなかったので、烈しい非難の声が、小村侯の身辺を包むようになった。先生の家塾《かじゅく》にいる人々さえ、その非を鳴らし始めた。けれども、小村侯を信ずることのあつかった先生は、

「小村は、君国のあることを知って、少しも私心の無い男だ。しかも今、日本第一の外交官である。日本一の外交官が、やったことだ。あれでよいのだ」

と言って、小村侯を弁護し続けられた。しかし、非難の声は高まるばかりで．小村侯を弁護するのは、杉浦先生のほか、誰一人無いという有様になった。小村侯の同窓の者までが、外務大臣に辞職を勧告しようといきまいて、先生の所へ押しかけて来た。先生は言下にしりぞけて、

「小村なればこそ、あれだけやれたのだ。辞職勧告どころか、総理大臣にもなれる人物だと思っている」

と答えられた。

朋友は、よく選ばなければならない。善い友と交われば、知らず知らずの間に、善い風に化せられ、悪い友と交われば、いつの間にか、その悪風にそまる。古語に、

「朱に交われば赤くなる」

「蓬《よもぎ》、麻《あさ》の中に生ずれば、扶《たす》けずしておのずから直し」

ということがある。

朋友の間で、特に心を用いなければならないのは、責めて善に向かわせるということである。もし、朋友に正しくない行ないがあったら、忠告して、その心を入れかえさせ、もし又、朋友から忠告を受けた場合には、快《こころよ》くこれを聞いて、自分を正すようにする。朋友は、心の奥底まで開いて、欠点や過失を注意し合い、又、不善におちいらないようにいましめて、共々に智徳をみがくべきである。このようにして、朋友の間に信義が行なわれるならば、おのずから醇厚《じゅんこう》な気風も起り、期せずして、億兆一心の実《じつ》を挙げることもできるであろう。

五　勤労の心

わが国では、国生みの神話に見られるように、生むとか生産するとかいうことが、昔から極めてだいじなこととされている。又、皇国は、生々《せいせい》発展の国であると考えられている。この生々発展は、いうまでもなく、生むとか生産とかいうことに、つながりを持つものである。

しかも、ここに生むといい、生産というのは、皇国の道の現れであり、この道義を貫くには、ひた向きに精進して止まない勤労が大切である。そうして、勤労にいそしむ場合、そこに精神的なものと筋肉的なものとを区別して、その間に、尊い卑《いや》しいという考え方をしてはならない。私どもは、勤労を通して皇国のためにつかえまつる至誠に終始することが、大切である。

皇国の民は、詔《みことのり》のまにまにつかえまつるということによって、この世に生まれた喜びと尊さを感ずるものである。もちろん、日々の生活に於いては、はっきりと上下の区別を正し、秩序を守ることを、わきまえていなければならない。しかし、この上下の区別は、私どもが励精職務を奉行する職分にもとづいたもので、勤労とは別に考えなければならないものである。

農村では、農作物の収穫が終ると、やがて氏神祭がある。これはいうまでもなく、豊作の喜びを神々に告げまつり、感謝の心を表すものである。鉱山には、山の神々が祭られ、その祭の日には、全山あげて、一日を楽しく暮すならわしになっている。このような例は、ほかに幾つ

も数えることができるのである。
勤労は、まことに、上御一人《かみごいちにん》の御嘉賞《ごかしょう》になるものであり、農業を始めあらゆる生業は、勤労につながって、喜びと感激に満ちるものである。勤労は、かくも喜ばしく尊いものである。名藩主とうたわれた徳川斉昭《なりあき》公が、農人形を作って、食事の時、これに感謝の意を表してから、箸を取ったというのは、有名な話である。最近では、鉱山や工場で、模範的な勤労者たちが、国家から表彰されるようになった。
私どもは、勤労が皇国のための勤労であり、栄誉であり、喜びであることを、十分にわきまえなければならない。更に又、考うべきは、勤労が常に道義と不可分であるということである。
千葉県香取《かとり》郡中和《ちゅうわ》村に、長部《ながべ》という部落がある。この部落の一角の小高い松林に、「史蹟大原幽学《ゆうがく》先生住宅」という標石が立っている。十三箇村の百姓たちに道を説いて「先祖株組合」を作らせたのは、実にこの大原幽学先生であった。

幽学先生は、「すてがたきものは義なり」という言葉を愛用し、先祖株組合を作らせるにも、先ず道にかなうことを、第一とされた。例えば、組合で共同購入をするにも、安く買うということよりは、それによって、ぜいたくな品物を使わないようにするということを、重んぜられたのであった。

先生が、初め長部附近の農村へはいって行かれた時、村々の道義は全くすたれ、その辺一帯の風俗は、見るに堪えられないものがあった。しかも先生は、村人たちをよく導かれた。日夜、かれらを集めて道を説き、互に協力して勤労にいそしめというのが、先生の教えの骨子であった。そうして常に、

「自分が死んでも、葬式などはするな。土を盛って榊《さかき》の一本も植えて置けば、それでよい。五六十年もたって、ここに大原が埋まっているはずだと、木の葉をふみ分けて、人が探すようになったら、自分の道もひろまったのである。百年もたてば、或は世の人にあまねく知られる時が、来るかも知れない」

と語っていられた。

或る時、先生は、門人に切腹の仕方に就いて、話されたことがある。

「切腹には、たくさん飯を食わないこと、腹は左手で右に押し、刀を腹に当て、へその下まで

切って、十分息ばると同時に、左手を離すこと、のどは縦に切り、正坐して首を垂れるのが、方式である」

先生は、心の奥底に、このような堅い覚悟を持っていられたのである。

晩年、ざん言によって、七年という長い間、江戸に捕らわれの身となったが、許されて帰ると、その間に、農民たちの風儀が、再び悪くなったのを見て、先生は悲しみの余り、その言葉通り腹を切って世を去られた。しかし、時はたって、今中和村を中心に、その教えを堅く守り、勤労の道に立って、農業の正しい経営にいそしむ農民たちが現れ、うるわしい村々を作っている。

私どもは、最後に橘守部《たちばなもりべ》先生の言葉に耳を傾けよう。先生の文に、次のようなことが書いてある。

「世間の職業は、もとより自分のために営むことではあるが、それをわが身のためだと考えると、自然に私心が出て、必ず人の信頼を失い、気持を傷つけるようになる。だから、同じことでも、人のために行なって、自分は又、世間の人に養われようと、心がけなければならない。人のためにするとは、例えば、大工は、注文した人のために、よい木材を選んで、ひたすらに家をよく作ろうと、けんめいになり、又、商人は、買う人のために、よい品を選んで、少しでも値段を安くしようと、注意するようなことをいう。何事でも、このように、人のために身を労し心を尽くせば、他人も、また自分のために情をかけ、まごころをよせて、自分は自然、世間の人に養ってもらうことになる。

世間の人は、唯《ただ》大宮仕えをすることだけを、御奉公だというが、この日月の照らしているところで、大君につかえない人があろうか。唯高下の区別こそあれ、みんな大君におつかえする身であるから、物を書くのも大君のため、疾《やまい》をなおすのも大君のため、田を作るのも大君のため、商ないをするのも、もとより大君の御ためである。

誰もが、このように心得て、各自の職業に勤労の心を惜しまなければ、神々も御加護になって、自然に身を立てることができる。しかるに、今の世の人々は、唯世の中に放し飼いにされたもののように考えて、それぞれのつとめも職業も、唯自分一人の世渡りのためと思っている。だから、いつのまにか、心がけもいやしくなって、身勝手なふるまいもし、よくない事をさえするようになる。そういう人は、神のあわれみからもれて、その身を立てることもできなくなるのである」

深く味わうべき言葉ではないか。

六　新しい経済

私どもも国民は、常に皇国の隆昌をこいねがい、その生々発展のために、身を捧げようと努めている。この目的を果すためには、あらゆる妨げを取り除いて、皇国を護ることが大切である。皇国を防衛しない国民は、皇国の民ではないとさえいえる。この意味で、私どもも国民が日々営んでいる経済の働きも、また当然、皇国を護るためのものでなければならない。

ところで、これまでは、往々にして、国を護るということと経済とを、別のものであるように考える傾きがあった。つまり経済は、個々の人々、或はそれぞれの国が、自由に競争して、その欲望を満足させ、一途《いちず》に多く利益を挙げるためのものと、考えられがちであった。しかし、私どもは、この事に就いて、根本から考え直さなければならない。現代の戦争は、いわゆる総力戦であり、武力とともに、経済も、また戦争から切り離して考えることはできないからである。

私どもは、戦争に勝ち抜くために、先ず、すぐれた強い軍備を整えなければならない。そのためには、性能の高い軍需品をたくさん作り出す生産力を整えて、国力をしっかりさせることが大切である。したがって、皇国の経済をもっと高く、もっと広く、もっと強いものにすることが必要になって来る。

「もっと高く」というのは、国民の持つ生活力を、もっと高い程度に、生産に向けさせることである。「もっと広く」というのは、経済の範囲を、日本・満洲・支那から、更に大東亜にひろげて、共栄の実を挙げ得るよう、しっかりしたものにすることである。「もっと強く」というのは、皇国の経済が、外国にたよらなくてもすむように工夫して、どんな事が起っても、微動だにしない底力を持つようにすることである。

即ち、皇国経済の目ざすところは、大東亜に於ける自給自足の確立である。そうしてそのためには、大東亜のいろいろな物資を、自由に求め得るようにすることが、先ず必要であって、大東亜建設は、一面、このために進められているといってよいほどである。

次に、さし当り国内で求めることのできる物資を、できるだけ必要な用途にあてるよう、工夫することが大切であり、その見地から、さまざまな代用品も作られるのである。そうして、私どもは、最後に、皇国日本を経済力に於いて、世界のどの国よりもすぐれた国にすることを目ざしているのである。

帝国政府は、昭和十五年いちはやく、新しい経済の動く方向を定めて、戦争に勝ち抜くための準備を整えた。もちろん、この戦争は、一通りの心構えでは、決して片づくものではない。この際、国民として最も大切なことは、国の定めたところをよく守ることである。いろいろの命令や規則が、次々に出され、又、企業の整備が行なわれるにつけて、私どもは、皇国をりっぱなものにする戦士であることを堅く信じ、それぞれ命令や規則に従って進まなければならない。

あらゆる統制は、生産力を高め、戦力を増強するために行なわれる。私どもは、喜んでこれに協力するとともに、勤労を通して皇国に報ずる覚悟がなければならない。日常生活に於いては、物資を節約するために、総べてのむだを省き、努めて消費を少くすることが大切である。国民として強く責任を果すのは、このような手近なところから始る。しかも、それがそのまま大東亜建設に挺身《ていしん》して、新しい世界をつくる基となるのである。

七　反省と努力

広瀬淡窓《たんそう》先生は、豊後《ぶんご》の人である。咸宜園《かんぎえん》という家塾を開いて、三千余人の弟子を教育された。

幼い時から学問を好み、十二三歳の頃には、もう一通り漢籍を読み、詩文も、よく作れるようになった。ところで、十五六歳の頃から、とかく病気がちになった。病床で考えてみると、これまで気づかなかった自分の性質や行ないの上に、いろいろよくないところがある。この反省がもとになって、十八歳の時、大いに心身を錬磨し、是非とも国家のお役に立つ人物になろうと、堅く心に決するところがあった。

二十四歳で家塾を開いて、弟子を教えられた。これが、後の咸宜園である。しかし、半生は、なお病気がちであったので、四十歳になった時、初めの志をまだ十分に果すことができないでいるのを深く恥じられた。そこで特に、「自新録」という一書を作り、その中に、自らいましむべきことを書き記して、絶えずこれを机上に置き、朝夕その通りに実行するよう、努力を続けられた。

それでもまだ満足することのできなかった先生は、五十四歳になって、もっと厳しく自分をむち打つため、日々の行ないを、必ず記録にとどめておくこととし、善行一万に達するのを目あてに、自分をねり上げようと心に誓われた。かくて「万善簿《まんぜんぼ》」という帳簿を作り、その日その日の言行を反省して、これに書きとどめられた。人に善行をすすめ、人のために世話をし、親切に人を教え、親類と親しむなどを善に数え、過食・病気・怒り・殺生《せっしょう》などを悪に数えられた。善は白丸、悪は黒丸の記号を用いて書き入れ、月末になると、その功過を調べることとされた。

うまずたゆまず善行を積むことに努めて、十二年七箇月が経た。善の数から、悪の数を差し引いてみると、残りの善の数が、一万を越えている。先生の年来の望みは、こうして達することができたのである。その時、既に六十七歳の高齢であったが、それでもまだ安《やす》んずる心はなかった。更に同じ方法で、反省の工夫を続け、七十五歳で没するまで、一日として怠られるところがなかった。

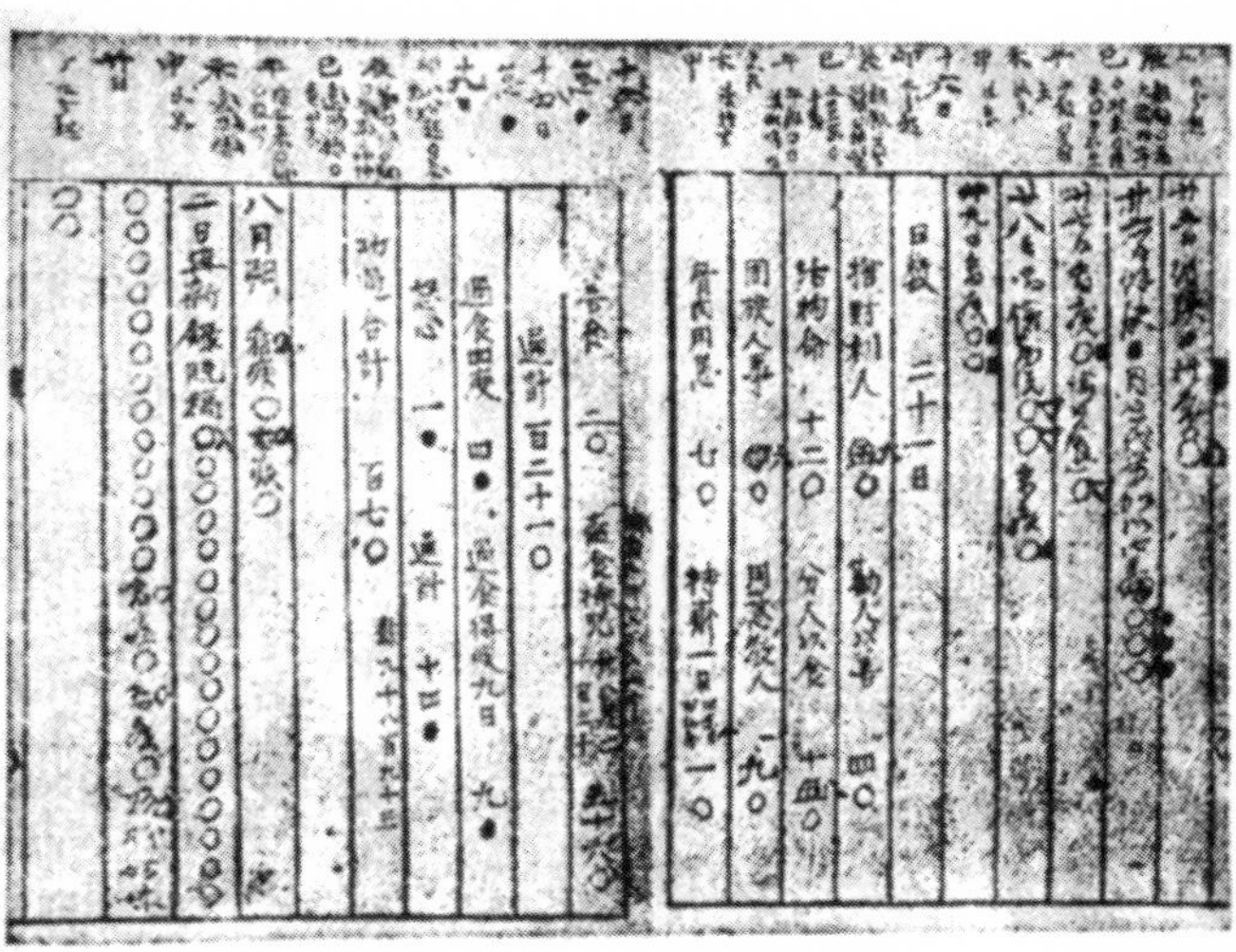

半生は病気がちであった先生も、こうした努力によって、その長寿を保つことができ、しかもその人がらが、次第に円熟したものとなった。

「論語」に「吾、日に三たび吾が身を省《かえり》みる。人の為に謀《はか》りて、忠ならざるか。朋友と交わり、言いて信ならざるか。習わざるを伝うるか」といってある。この言葉のように、私どもは、少くとも、夜、床に就く前には、その日の行ないを反省し、努めてよい習慣を養うようにしたいものである。日誌をつけるのは、更によいことである。

海軍兵学校の生活でも、反省ということが、非常に大切とされ、夜の自習を終る前、特に「五省《ごせい》の時間」が設けられている。九時半、合図のラッパが鳴ると、分隊伍長が、先ず正面に掲げられた軍人勅諭の奉読を行ない、それがすむと、しばらくの間、沈思黙考の時間が続く。やがて、その日一日の生活を、五つの事がらにわたって、反省を行なう。

一、至誠に悖《もと》るなかりしか。
一、言行に恥ずるなかりしか。
一、気力に欠《か》くるなかりしか。
一、努力に憾《うら》みなかりしか。
一、不精《ぶしょう》に亘《わた》るなかりしか。

以上を、分隊伍長が凛乎《りんこ》たる声で朗読する。それによって十秒、二十秒、息づまるような静けさの中に、少しも仮借《かしゃく》するところのない自己反省のむちが、振りおろされるのである。陸軍予科士官学校でも、ほぼ同じ事が行なわれている。

私どもは、これらの事に就いて知る時、すぐにそれを自己錬磨の糧《かて》にする心がけがなければならない。兵学校で分隊伍長が朗読をするのは、そこで団体の生活が営まれているからである。けれども反省は、何も分隊伍長の朗読をのみまって、行なわるべきことではない。「君子は、その独《ひと》りを慎《つつし》む」という言葉がある。自分一人の場合でも、反省は断乎として行なわれなければならない。

しかも大切なのは、唯反省するということだけではない。それをそのままに、明日の努力に備えなければならない。努力の伴なわない反省は、むしろ無意味である。

もともと人には、何か特殊な性癖というものがある。又、時として、言行に過ちのあることも免れない。そのままそれを打ち捨てて置くと、悪癖はいよいよ増長し、過ちは習慣となって、遂に直すことができなくなる。私どもが、君国のため役立つようになるには、是非とも反省を重ねて、こうした性癖をため直し、又、言行を改めて、一歩一歩善に向かって進むように、努力しなければならない。

八　食糧の増産

わが国民は、日清・日露の両戦役から、第一次欧洲大戦・満洲事変のいずれの場合に於いても、食糧の不安を感ずることは、全くなかった。ところで、今度の大東亜戦争では、これに就いて、慎重に考えなければならなくなっている。戦争を勝ち抜くためには、食糧に於いても、敵に勝ち抜くことが大切であり、随《したが》って食糧の増産ということが、刻下の急務となったわけである。

支那事変が起って以来、農村では、青年や壮年の人々の応召《おうしょう》、軍需工場その他戦力増強方面への転出などで、労力の不足を生じるようになった。又、肥料・農具などの供給が減ったり、牛馬の徴発《ちょうはつ》・買い上げなどのため、その経営が、次第に窮屈になって来た。しかしそれでも、よくこの困難に打ちかかって、食糧の生産を確保し、更に進んで、増産の実を挙げて来たのである。特に昭和十四年以来は、主食物である米・麦の増産計画が、本腰になり、全く官民一体となって、これに努力している。それがためには、生産農家の並大抵でない骨折りがあることを考え、私どもも、またこれに続く覚悟をしっかりと固めることが、大切である。

食糧戦の武器は、鍬《くわ》と汗のほかには無い。鍬を振るい、汗を流して、食糧を増産すること、これが今の食糧問題を片づける第一歩であり、又、最終の道である。銃後農民の奉公は、全くこれに尽きるということができ、そうして、私ども国民全部が、それに協力することが大切なのである。

更に、この食糧難を切り抜けるてだてとして、食糧を貯蔵するということが、次に大切な問題となる。農作物は、取入れまでに一年かかる。一年かかって、果して思った通りに出来るかどうかは、人の力だけで、きまらないことである。それ故、主な食糧である農産物に就いては、いつも相当のゆとりを持つように、工夫しなければならない。つまり十分注意して、不時の用意に備えなければならない。

第一次欧洲大戦で、ドイツは戦闘に勝って、戦争に負けた。それには、種々の理由もあるが、食糧の欠乏ということが、大きな原因をなしたと考えられる。そこで、今度の戦争が始る前、ドイツはいうまでもなく、さきに勝ったイギリスまでが、できるだけ多くの食糧を集めて、それを貯えて置くことに努めた。まことに食糧の確保は、弾丸の確保と同じく、戦争に勝ち抜くため、極めて大切である。私どもは、この点によく思いを致さなければならない。

このようなわけから、わが国では、最近、米の国家管理を行なうようになった。米だけでなく、麦や、さつまいも・じゃがいもなど、主食にする農産物、及び小麦粉・そうめんなどの加工品まで、国家の手で管理されることになった。

米穀《べいこく》が、割当てによって配給されるようになったのは、昭和十六年からで、まだ日が浅い。

しかし、そのため農家は、汗を流して作った自分の米を、供出しなければならなくなった。農家は、これまでの行き方からみると、かなり窮屈な思いをしなければならない。それでも、今の戦局を思えばこそ、不平も起さず、進んで供出しているのである。だから私どもは、一粒の米でも粗末にせず、感謝の心を以って、これを扱わなければならない。

よし、食糧の不足が起ったとしても、その苦しみは、国民の全部が公平に分担すれば、極めて軽くすますことができる。私どもは、この事をよく考えなければならない。そうして食糧の消費に就いては、政府の指導に、進んで力をあわせる心がけが、何より大切である。

消費を少くするためには、一方で、米のつき方を少くするとか、玄米のままでたべるとかいうことも、工夫されている。更に代用食とか、混食を多くすることも、いよいよ必要になって来るであろう。その土地その土地で、昔からたべていたものを研究して、食事のおぎないとすることは、今の食糧問題を片づける上に役立つことと考えられる。

私どもは、これらの事がらを、真剣になって工夫するとともに、副食物に就いても、いろいろ増産をはかり、銃後奉公の赤誠を致さなければならない。

九　孝行

私どもは、この世に生まれ出ると、父母の深い慈愛を受けて育って行く。ここにおのずから、父母に親しみ、父母を敬う心も起り、又、知らず知らずのうちに、すなおな心も生まれて来る。この心は、そのまま他人に対する好意ともなり、信頼の念ともなるのである。それ故、人の一生で大切な徳行は、総べて子として父母につかえる心から始るといってよい。「孝は徳の本《もと》なり」という言葉もある。

明治天皇の御製に、

たらちねの親につかへてまめなるが人のまことの始《はじめ》なりけり

と詠《よ》ませられてある。私どもは、このみおしえに就いて、深くわきまえるところがなければならない。

わが国には、昔から孝行に関するうるわしい言い伝えが、極めて多い。わが国上下をあげて、人情があついのも、全く孝を重んずる美風があるからであり、それが又、国のさかんになる基ともなった。このように、孝は大切な道である。教育に関する勅語には、臣民の守るべき道をお示しになるに当って、先ず第一に、「父母に孝に」と仰せられてある。私どもは、常に孝道を守って、聖旨《せいし》にそい奉り、ますますわが国の美風を発揚することに努めなければならない。

孝行の道は、父母を敬い、その命に従い、その心を安んずるところにある。私どもは、この心得を終始一貫、変えないようにすることが大切である。私どもが、まだ年少である頃は、父母も元気であるが、成長するにつれて、次第に父母は老いて行く。だから、子たる者は、一日でも孝養をゆるがせにするようなことがあってはならない。古人の言に、

「樹《き》、静かならんと欲すれども、風止まず。子、養わんと欲すれども、親待たず」

とある。私どもが成長してから、なお父母が健《すこ》やかなのは、子としてこの上もないしあわせである。朝な夕な、必ず顔をやわらげ、温かい気持で、父母につかえるように努めることが、私どもにとって、何よりも大切なことである。

備中浅口《びっちゅうあさくち》郡柴木村に、甚介《じんすけ》という人があった。農を以って家業とし、母につかえて、よく孝行を尽くした。毎朝努めて早く起き、茶をわかして、母の起きるのを待ち、食事の場合も、母がたべてから、自分も箸を取るというふうであった。

又、母が寝る時には、自分で母の床を延べ、冬はその床を温め、夏は涼しくして眠らせた。母が寝ても、熟睡しない間は、決して眠らず、夜がふけるまで、母の側にいて慰め、痛い所があればなでさすりして、ねんごろにいたわった。家に敷いてあるのは、皆むしろであったが、

その中の一枚だけを畳にして、その上に母を坐らせた。

　こうして何年も、母のいいつけのままに行なって、少しもさからわなかった。用事があって、岡山に行くことがあれば、必ず母の好むものを買い求めて帰り、それを母にすすめて喜ばせるようにした。

　このようにして、母は八十歳の高齢を重ねたが、六十歳ばかりにしか見えないので、人がそのわけをたずねると、母は、

「甚介が親切にしてくれるので、何も心配がありません。私ほどしあわせ者は、恐らくありますまい。老衰しないのも、全くそのためでしょう」

と答えたという。甚介翁《おう》は延宝《えんぽう》九年の秋、六十歳で没したが、その子孫にも、よく翁の遺風を受けついで、孝心のあつい人が現れた。

　祖父母につかえるにも、父母につかえるのと同じように、敬愛の誠を致すことが大切である。殊《こと》に祖父母

は、年を取って、耳が遠かったり、手足が不自由であったりするから、孫としては、一層心を用いて、つかえるようにしなければならない。敬と愛と信は、日本人本来の美風である。この点を私どもは、よく心に刻んでおかなければならない。

祖先を尊ぶことも、また孝の道である。神武天皇が、国内を御平定になった後、皇祖天神をいつきまつって、大孝をのべ給うたのは、御みずから万世にわたっての模範を垂れ給うたものと拝察される。孝道を全うするためには、唯父母祖父母を敬愛して、よくこれにつかえるというだけでは足りない。進んで祖先を尊び、祭祀《さいし》の礼を厚くして、その墳墓《ふんぼ》をも大切にしなければならない。又、父祖の志をつぎ、父祖の美風を伝え、常に身を修め、業務に励んで、家名を揚《あ》げるよう心がくべきである。

父祖に孝を尽くそうとする私どもが、最も心しなければならないのは、至誠尽忠の精神に立つということである。私どもの父祖は、皇室につかえて誠忠を捧げたのであるから、君に忠を尽くすことは、そのままに父祖の志をつぎ、父祖の遺風をあらわすことであって、それがやがて、父祖に孝であるゆえんである。教育に関する勅語には、

克《よ》く忠に克く孝に

と仰せられている。又「忠臣は孝子の門に出ず」という古語もある。皇国日本では、忠を離れて孝は全く存しないということを、よくわきまえておくことが大切である。

十　至誠

二宮尊徳先生は、三十六歳の時、小田原藩主の命を受けて、下野《しもつけ》桜町の復興に当られた。その頃、この土地の住民は、なまけ者が多くて、農事に励まず、田や畠は、多く荒れはてていた。先生は、桜町に行って、暑さ寒さをいとわず、日々領内を廻り、住民の生活ぶりを見極め、又、土地のよしあしを十分に調べて、うむことを知られなかった。

更に先生は、農事を奨励し、荒地を開拓させることをはかられた。すると、心がけのよくない者もあって、住民たちをおだて、いろいろ事を構えては、先生の仕事のじゃまをしようとした。しかし先生は、すぐこれを罰しようとしないで、道を諭《さと》し善をすすめて、七年という長い間、努力を続けられた。一方、小田原から出張して一しょに仕事をしていた二三の役人たちにも、先生の仕方を喜ばず、藩主に上書《じょうしょ》して、悪しざまに訴えた者もあった。藩主は、先生を呼び出し、事情をよく聞きただしたが、先生の誠意はすぐに分り、藩主は、かえって、長い間の苦心を慰めるほどであった。ところで、わが身を省《かえり》みることの厚い先生は、

「心がけのよくない者がほかにいて、復興の仕事を妨げ、又、一しょに仕事をする者が、自分を信じないというのは、全く自分に誠が足りないためである。誠が通じさえすれば、成就《じょうじゅ》しないはずはない」

と考えて、その後は、身を清めて神に祈り、誠意の限りを尽くして事に当られた。以来、土地の人々は、一日一日とまじめになり、仕事に精を出すようになって、数年後には、数百町歩の荒地が開かれるに到った。
　こういう話もある。岸右衛門という者があって、相当の資産も持っていたが、生まれつき非常に吝嗇《りんしょく》で、その上、悪がしこいところがあった。かれは、先生をあざけりののしって、村民たちに、いろいろ悪智恵をつけた。しかし、先生は、岸右衛門に対して、少しもとがめだてをせず、真心から教え導かれた。さすがの岸右衛門も、次第にその感化を受けて、数年の後には、全く自分が悪かったと悟り、家財を売って得た百余両の金を、全部、窮民を救うために、提供するほどになった。
「わが道は、至誠と実行のみ。古語に、至誠神の如しというといえども、至誠は則《すなわ》ち神というも、不可なかるべきなり、凡そ世の中は、智あるも学あるも、至誠と実行とにあらざれば、事は成らぬものと知るべし」

とは、先生の残された教えである。このように先生は、至誠と実行とを大本にして、「努め励んで、物を産み、分に応じてゆずり合う」ことを、一番大切な心がけとされた。

乃木大将も、また至誠の人であった。大将が、日露戦役に第三軍司令官として出征し、旅順に、奉天に、輝かしい武勲を立てられたことは、人のよく知るところである。難攻不落の旅順を攻めた時は、率先して戦線に立ち、弾雨のもとにあって、部下を励まし、起居・飲食を共にして、これをいたわられた。そのために、全軍将兵は一層決死の勇を振るい起したのであった。

やがて大将が東京に凱旋された時、幾万の群衆は、旗を振り、万歳を唱えて、心から歓迎した。けれども大将は、「無事に帰って相すまぬ」とでも言いたげな面持で、一々答礼されたが、その様子は、深く群衆の胸を打つものがあった。

「王師百万強虜《きょうりょ》を征す。野戦攻城屍《しかばね》山を作《な》す。愧《は》ず我何の顔《かんばせ》あってか父老に看《まみ》えん。凱歌今日幾人か還《かえ》る」

とは、この時の大将のいつわらざる感懐《かんかい》であろう。

大将は、明治天皇に拝謁を仰せつけられ、復命書を捧呈《ほうてい》して、部下に多数の死傷者を出したことを、心からおわび申しあげた。天皇は、その戦功を嘉《よみ》せられ、金一封を下賜あらせられた。そこで大将は、これを以って記念品を作り、部下に分って、長く聖恩を感謝し奉ることとされた。

天皇は、深い思し召しから、後に大将を学習院長に任じ給うた。以来、大将は、寄宿舎に起臥《きが》して、率先範を垂れ、生徒の育成に努められた。或る時は、老軀《ろうく》をひっさげて剣道の相手をし、或る時は、海岸の天幕の下で、寝食を共にして水泳を奨励するなど、生徒の教育に余念がなかった。

明治四十五年、天皇の御不例《ごふれい》に際し、大将の心配は一通りでなかった。水垢離《みずごり》を取って御平癒《ごへいゆ》を祈り、又、日夜参内《さんだい》して、天機をうかがい奉った。大将が、宮中から退下《たいげ》して来られるうれわしげな姿を見ると、宮城前に集って、宮内省の発表に一喜一憂していた群衆は、更に天に仰ぎ地に俯《ふ》して、祈願に赤誠をこめるのであった。

私どもは、今深くこのような人々の行ないに学ぶところがなければならない。君国のため尽くすのも、父母につかえるのも、決して他から強要されてするのではなく、又、私利私欲のために行なうものでもない。昔の人が、「明《あか》き清き直《なお》き誠《まこと》の心」と呼びならわしたものこそ、ここにいう至誠である。これは又、良心の声ということもできる。良心の声に従って、日々の行ないを慎むところに、私どもの大切な道義的態度が養われるのである。軍人勅諭に、

心誠ならざれば、如何なる嘉言《かげん》も善行も皆うわべの装飾にて、何の用にかは立つべき。心だ

に誠あれば、何事も成るものぞかし。

と仰せられている。いかなる行ないも、いつわりや飾りのない至誠の心から出て、始めて真の善となる。至誠こそは、実にあらゆる善行の基である。

十一　祝日・大祭日

皇国の祭祀《さいし》は、尊いわが国体に基づくものであって、政治も、教学も、みなこの祭祀と結んで離れない関係にある。古くから、わが国が神国と呼ばれて来たゆえんも、またここにある。畏《かしこ》くも天皇陛下には、祝日・大祭日に、厳かな御祭儀を行なわせられ、皇祖皇宗の御心を御心として、わが国を治め給うのである。私ども臣民は、この尊い大御心のほどを体し奉って、祝日には、喜びの心を表し、大祭日には、つつしみの誠を捧げて、宝祚《ほうそ》の無窮を祈り奉り、いよいよ本分を尽くす覚悟を固くしなければならない。

祝日としてあげられるものは、新年・紀元節・天長節及び明治節の四つである。

新年というのは、一月一日・二日・五日の三日で、年の始めの祝日とされている。宮中では、一日早朝に四方拝並びに歳旦祭《さいたんさい》の儀を、同日及び二日には新年朝賀の儀を、又、五日には新年宴会の儀をとり行なわせられる。

紀元節は二月十一日で、第一代の神武天皇が、御即位の礼を行なわせられた日に当る。この日、宮中では賢所《かしこどころ》・皇霊殿《こうれいでん》・神殿《しんでん》の御祭典がとり行なわれ、天皇陛下の御親祭がある。次いで拝賀の儀、参賀の儀、宴会の儀が行なわれる。

天長節は四月二十九日で、この日全国民は、天皇陛下の御降誕を祝し、聖寿の無窮を祈り奉る。又、明治節は十一月三日で、明治天皇の御遺徳を仰ぎ奉り、明治の昭代を追憶する祝日である。天長節・明治節の両日、いずれも宮中では賢所・皇霊殿・神殿の御祭典に次いで、拝賀の儀、参賀の儀、宴会の儀をとり行なわせられる定めとなっている。

大祭日には、元始祭《げんしさい》・春季皇霊祭・神武天皇祭・秋季皇霊祭・神嘗祭《かんなめさい》・新嘗祭《にいなめさい》・大正天皇祭等がある。天皇陛下御みずから皇族・臣僚《しんりょう》を率いて、御手厚い祭祀をとり行なわせ給い、報本反始《ほうほんはんし》の範を垂れさせ給う。

このうち、元始祭は一月三日で、年の始めにあたり、天皇陛下御みずから、賢所に皇祖天照大神を、皇霊殿に御歴代《ごれきだい》の皇霊を、又、神殿に天神地祇《てんしんちぎ》をお祭りになる。皇位の本始をことほぎまつり、孝敬をのべさせ給う御祭である。春季皇霊祭は春分の日、秋季皇霊祭は秋分の日に、これまた陛下御みずから、御歴代の皇霊を皇霊殿にお祭りになる。

更に、神武天皇祭は四月三日で、皇霊殿に第一代の天皇神武天皇をお祭りになる御親祭があり、十二月二十五日の大正天皇祭にも、同じく皇霊殿に、先帝大正天皇を祭り給う御親祭がある。

神嘗祭は十月十七日で、その年の新穀を、諸神に先だって、伊勢の神宮に奉らしめ給う御祭である。この日、天皇陛下には、親しく皇祖天照大神の神恩を感謝し給うのであって、まことに畏き極みと申すべきである。当日、陛下御みずから、先ず神宮を御遥拝になり、次いで賢所の御親祭がある。神宮には、勅使を参向せしめて、幣帛《へいはく》を奉らしめ給うのである。

十一月二十三日の新嘗祭には、神嘉殿《しんかでん》に天照大神を始め奉り天神地祇を御招請になって、当年の新穀を御みずからお供えになり、御直会《おんなおらい》と申して、陛下御みずからも、御同殿に於いて、これをきこしめされる。この御祭には、夕《ゆうべ》の儀と暁《あかつき》の儀とがあって、霜の置く寒夜を徹して、御親祭あらせられるのである。暁の儀が終ると、陛下より参列の諸員に御酒《みき》・御饌《みけ》を賜わる。この御事は、大嘗祭の御儀に於ける大饗《だいきょう》の御事と思い合わされて、大御心のほど、まことに畏い極みである。

この日、神宮には勅使を参向せしめて、幣帛を奉らしめられ、更に、官・国幣社にも幣帛を奉らしめられる。又、この御祭は、二月十七日の祈年祭《きねんさい》に、神宮並びに官・国幣社に幣帛を奉らせられ、億兆のため五穀の豊穣を祈らせ給うた、その御報賽《ごほうさい》ともなるのである。

私ども臣民は、祝日・大祭日の大切である根本に就いて、十分わきまえ、その日にめぐりあうごとに、「君民体《たい》を一《いつ》にす」と仰せ出されたわが国体の限りなく尊いゆえんに就いて、深く思いを致すべきであり、いよいよ敬神崇祖の念を深め、尽忠報国の赤誠を捧げなければならない。

十二　科学と国民生活

科学の研究は、極めて大切なものであり、国民生活の根柢とならなければならないものである。ところが、科学の学習に於いては、ややもすると、知識を並べたて、それを唯棒暗記しようとする傾向があった。実際に見、実際に行なうのではなく、主として紙の上で学び、頭の中に思い浮かべることを以って、十分だと考えられがちであった。

いうまでもなく、それではいけないのである。科学は、もともと実際の生活に発生したもので、その理論は、実生活に生かされるのが常道である。私どもは、その常道に則とって、実際に見、実際に行ない、実際に随って進めて行くという態度に立たなければならない。単に知識を並べたてて、それを徒《いたず》らにふりまわすのではなく、先ず以って事物現象の真相を見極め、合理創造の精神を養い、国運の発展に寄与することが大切である。

科学の取り上げる問題は、うわべだけを見れば、或は動物とか植物とかいう、せまい分野のものもあるであろう。けれども、それを深く掘り下げて行けば、そこには、殆ど総べての分野とのつながりが現れて来る。このようにして「一芸に達すれば万芸に通ず」ということが、科学に於いても、よくあてはまるのである。

私どもも日本人が、これまで科学を愛好する心の薄かったことや、物事を追及する力の早く衰える傾きがあったことなどは、これを年少の頃から心がけて、十分改める必要がある。そのためには、又、家庭の科学化をはかること、科学博物館のようなものを多く利用することなども、大切になって来る。しかし、肝心なのは、やはり国民総べてが、自発的に探究欲を持つということである。私どもは、みんな力をあわせて、一刻も早く、科学日本をりっぱに建設し、世界に雄飛することのできるようにしなければならない。

兵器の改良はいうまでもなく、天然資源の開発や利用、いろいろな生活物資の増産・配給、さては国内の政治・経済の合理化、人口増加、健康増進というようなことまで、みんな科学と結びつかないものはない。日本は、長く天佑《てんゆう》に恵まれ、島国の中におだやか過ぎるその日その日を送ったことも手伝って、国防上、或は実生活上、大事な鍵である科学の理会や応用に、まだ十分でないところがないではなかった。日本人の有する強い愛国の熱情と、すばしこさ、勤勉な活動に加えるに、科学の力を以ってするならば、一切のむずかしい事がらが、片づかないわけはない。

もとより科学の世界には、それぞれ専門があり、随ってその先達である専門家がなければならないが、このような専門家だけで、一国の科学が進むものではない。国民の一人一人が、科学的態度を持ち、日常生活に科学を応用具現して、常に新しく工夫し発見して行くというようなことが、具備していなければならない。そうして、いろいろの方面の知識を、なるべく豊富に、しかもつりあいよく備えていることが大切である。国民の科学的な地盤があってこそ、専門家の研究もいよいよ進み、皇国の科学が、健全な発達を遂げて行くのである。私どもは、この点をよくわきまえて、国民総べてが、よき科学の理解者となり、日々の生活を努めて科学化するよう、心がけなければならない。

私どもは、ここで江戸時代に於ける伊能忠敬や関孝和《せきたかかず》というような人々の業績、或は又、蘭学の研究に就いて、思い浮かべてみる必要がある。それらの人々の胸中には、科学学習への熱意がみなぎっていた。そうして、生々発展の一途をのみたどる皇国日本に生をうけたものとして、その血潮の中には、比類《たぐい》なく尊い、国を思う赤誠が見られたのである。しかも当時の国情は、こうした天才や専門家に対して、殆ど力ぞえをしなかったのであるが、結局それは、国民全般が、科学というものに無関心であったからである。昭和の聖代に生まれた私どもは、明治大正の時代に於ける優れた研究の跡を受けて、今や国民皆科学者という力強い前進を始めなければならない。

大東亜戦争となって、敵国と科学の戦《たたかい》が甚だしくなって来たから、今後は、かれらより優れた科学力が、日本で興らなければ、戦争には勝つことはできない。かれらと雖《いえど》も、日本を凌駕《りょうが》しようと、真剣にやって来るのは、当然であるから、日本も今までのように、外国の模倣を以ってすますわけには行かないのである。優れた創造や発明は、国民こぞってこれを育て、これを取り上げ、これを成し遂げるようにならなければならない。

すべき事は必ずやり、すべからざる事は決してしないという意志の強さが、即ち勇気である。誘惑をしりぞけ、私欲を抑《おさ》える克己の徳、艱難《かんなん》をしのぎ、辛苦《しんく》に打ちかつ忍耐の徳、小成に安んじないで、何事も進んで行なう進取の気性、これらはいずれも勇気である。かたくなであったり、強情であったりするのは、見たところ、ちょっと勇気であるように思われるが、しかしこれは、正しい事にいさぎよく従うことのできないものであって、決して勇気ではないのである。

軍人勅諭に、

十三　勇気

軍人は武勇を尚《たっと》ぶべし。夫《それ》、武勇は我国にては、古《いにしえ》よりいとも貴べる所なれば、我国の臣民たらんもの武勇なくては叶うまじ。況《ま》して軍人は戦《たたかい》に臨《のぞ》み、敵に当るの職なれば、片時も武勇を忘れてよかるべきか。さはあれ、武勇には大勇《たいゆう》あり小勇ありて同《おなじ》からず、血気にはやり粗暴の振舞などせんは武勇とは謂《い》い難し。軍人たらんものは、常に能《よ》く義理を弁《わきま》え、能く胆力を練り、思慮を殫《つく》して事を謀るべし。小敵たりとも侮《あなど》らず、大敵たりとも懼《おそ》れず、己が武職を尽さんこそ、誠の大勇にはあれ。されば武勇を尚ぶものは、常々人に接《まじわ》るには温和を第一とし、諸人の愛敬《あいけい》を得んと心掛けよ。由《よし》なき勇を好みて猛威を振いたらば、果《はて》は世人《よのひと》も忌《いみ》嫌いて豺狼《さいろう》などの如く思いなん。心すべきことにこそ。

と仰せられてある。

この勅諭は、もともと軍人に賜わったものであるが、わが国は国民皆兵であり、国民全体が、これを奉体すべきものである。明治以来、数度の戦役・事変に際して、出征する子弟を送った父兄たちが、「家のことは決して心配するな。一心に御国のために尽くせ」と言って、励まして来たのも、よくこの勅諭を奉体して尚武の精神を発揮したものということができる。

畏くも、明治天皇の詔《みことのり》に、

祖宗《そそう》以来尚武の国体

と、明らかに仰せられてある。実にわが日本は、尚武の国がらである。大東亜戦争下、いかに多くの忠勇義烈な皇軍将兵が、義勇公に奉ずる真勇をあらわして、国体の精華《せいか》を発揮したかを思い合わせるべきである。しかも私どもは、それに続くべき大任を持っている。

勇気は、ひとり戦時に大切であるばかりでなく、平時にも大切である。私どもが学業に励み、善良な習慣を作るにも勇気がいり、或は又、身体を鍛えるにも勇気がいる。又、伝染病患者を治療する医師にも、荒海に乗り出す漁夫にも、勇気がなければ、その業にたずさわることはできない。

つづら折の道をたどって、谷川を渡り岩根をよじ、始めて高山の頂《いただき》に達することができる。途中の困難に屈した者は、とても頂上の壮観を味わうことができない。何事を成すにも、先ずしっかりと目的を立て、よくそのてだてを考えた上で、順序を追って、うまずたゆまず進むことが肝要である。途中で思いがけない妨げに出あって、失敗することがあったにしても、それを又、一つの試練として考え、あくまで自分の力を信じ、勇気を出して進まなければならない。初めは勢よくかかるけれども、次第に、疲労や嫌忌《けんき》が生じて来るものであるから、何事をするにも、仕遂げるには、忍耐が必要である。「百里を行くものは、九十里を半ばとす」というのは、よき誡《いまし》めである。このようにして進めば、必ず目的に達することができるのである。

勇気の多い少いは、或る程度まで、身体の強さ弱さにもよるが、しかし主となるものは、精神の錬磨である。真の勇気は、自分のすることが総べて道義にかなない、省《かえり》みて公明正大、少しも天地に恥じないという信念のもとに、始めて生まれる。随って、真の勇者たろうとするためには、精神の錬磨こそ大切である。

私どもは、「義は勇に因《よ》りて行なわれ、勇は義に因りて長ず」という言葉を、絶えず心の糧《かて》

にしなければならない。堅忍持久《けんにんじきゅう》の精神、不撓《ふとう》不屈の気魄《きはく》も、このようなところに始めて生まれるのである。

文永十一年の十月五日、元の大軍が朝鮮海峡の対馬に上陸した。当時の元は、支那はもとより、遠く中央アジアを征服し、ヨーロッパまでも、その馬蹄《ばてい》でふみにじったほどの、世界最強を誇る軍隊を持っていた。

ところが対馬では、守護代の宗助国《そうすけくに》公が国府にいて、同日夕刻この報に接すると、すぐ手配をして、部下八十騎を率い、夜半に佐須浦《さすうら》まで急ぎ進軍した。元の軍勢は、その五日前に、いち早く先遣《せんけん》船隊を以って対馬の西海岸に上陸し、同日午後には、既に佐須浦へ進出していたのである。道路は不完全であり、守備兵も極めて僅かであったわが軍が、上陸の途中で敵をむかえ討つことは、到底できなかった。翌六日は、朝から更に一千ばかりの敵が上陸を始めた。そこで助国は、その僅かな手兵《しゅへい》で防戦に努め、ここを先途《せんど》と戦った。けれども衆寡《しゅうか》敵しがたく、主将以下全員ことごとく、壮烈な戦死を遂げたのであった。

対馬を襲った敵は、越えて十四日、更に壱岐の島を侵《おか》した。壱岐の守護代平景隆《かげたか》公は、僅か百余騎の軍勢で、敢然と進撃した。これも、もちろん衆寡敵すべくもなく、遂に城に引き返して、最後の抵抗を行なったが、十五日には、景隆以下の将兵ことごとく、城を枕にして果てたのである。

この時、島民男女は、決して降服をがえんじなかったので、敵兵のために、残忍無道な取扱いを受けたということが、記録に見えている。

あたかも大東亜戦争のさなか、アッツ島でアメリカの大軍の来襲を受け、寡兵よく戦って、遂に玉砕した山崎部隊長以下皇軍将兵の壮烈な最期は、まさにこの対馬・壱岐の防戦を、まざまざと今に見る思いのするものである。

十数倍の敵をむかえて、なお屈せず、全軍ことごとくが忠死するということは、実にわが国のみに見られる武人の特色であって、それは、ひたすら皇国のために尽くす至誠の念なくしては、できないことである。この至誠の念は、平生の勇気によって養われ、勇気は、また至誠によって発揮される。大東亜戦争下、私どもは怠ることなく、堅忍持久の精神、不撓不屈の気魄を養い、真の勇者となって、皇国のために七生報国を誓わなければならない。

十四　古武士の覚悟

武士道の真髄が、うかがわれる。

「武士道というは、死ぬ事と見つけたり」とは、武士としての心構えを、最もよく表した言葉として、あまねく知られている。この中には、きっぱりとして力強い武士道の真髄が、うかがわれる。

この言葉を「葉隠《はがくれ》」の中に書き残した山本常朝《つねとも》は、又、次のようにも説いた。

「武士たる者は、生きるか死ぬかという場合には、死ぬ覚悟をすればよい。そこには、別に何の理窟もない。はらをすえて進むだけのことである。手がらをあらわさないで死んで行くのは犬死だ、などと考えるのは、上方風の思いあがった武士道である。

武士道では、あれかこれかという分別が出た時には、既におくれを取った時である。忠も孝もない。ただ無我夢中になっておれば、そのうちに、忠孝はおのずからこもるのである」

私どもが、一番心しなければならないのは、実践躬行《じっせんきゅうこう》ということである。「葉隠」の言葉は、即ちこの点をよく諭《さと》したものということができる。「葉隠」には、更に次の言葉が好んで用いられている。

「その時が唯今」

かねてから、よくよく考えておいて、心に覚悟を定めていなければならない、というのである。

しかも、私どもは、死生に就いて達観した気持を求めることが、一番大切である。ここに始めて、至誠尽忠の誠に徹することができる。戦場で、

「天皇陛下万歳」

を絶叫して、護国の華と散った皇軍将兵の最期に就いて、私どもは、幾多の尊い物語を聞いて来た。前線と銃後とのさかいを設けず、修文練武にいそしんで、皇国民としての真面目を発揮することが、今の私どもにとって、根本の心構えとならなければならない。それが又、そのままに、古くから伝わった武士道精神の真髄をつかむことである。

武士道は、ひとり武士だけの守るべき道ではない。現下の国民総べてが守らなければならない道である。又、武士道は戦時だけの道ではない。それは同時に、平時の道でなければならない。山本元帥の愛誦《あいしょう》せられた「常在戦場」という言葉も、全くこの意味のものである。

なお、これらの点と結んで、「武道初心集」には、次のようなことが説いてある。

「武士たらんものは、大小上下に限らず、第一の心がけたしなみと申すは、その身の果際《はてぎわ》にとどまり申し候。常々何程口をきき、利根《りこん》才覚に見え候者も、今を限りの時に臨み、前後不覚にとりみだし、最期あしく候《そうらい》ては、前方《さきかた》の善行は、みなみな水に成り、大きにはずかしきことにて候」

即ち、この臨終の覚悟ということが、戦時だけではなく、又、平時でも大切な事がらである。

吉田松陰先生も、また同じような事に就いて、門下の品川弥二郎《やじろう》を誡《いまし》めて、こう言われた。

「十七八の死が惜しければ、三十の死も惜しし。八九十、百になりても、これで足りたということなし。草虫水虫の如く半年の命のものもあり、これを以って短しとせず。松柏《しょうはく》の如く数百年の命のものあり、これを以って長しとせず。天地の悠久《ゆうきゅう》に比せば、松柏も一時の蠅《はえ》なり。何年ほど生きたれば、気が済《す》むことか。浦島・武内も、今は死人なり。しかし、人間僅か五十年、人生七十古来稀《まれ》なり。何か腹のいえるようなことをやって死なねば、成仏はできぬぞ」

寿命の長短は、問題ではない。まして、功名富貴《ふうき》などは、かえりみるに足りない。求めなければならないのは、皇運扶翼《ふよく》の大道《たいどう》に終始するということである。松陰先生の類《たぐい》まれな精神気魄は、即ちこのような心構えから生まれたものである。

十五　皇国の使命

皇国日本は、今や肇国《ちょうこく》の大精神に基づく大東亜建設のため、米英その他の敵国と戦を続けている。ここ数年にわたって、忠誠勇武なわが皇軍将兵は、陸海空の各方面によく奮闘し、一億国民が、また堅く銃後を守って、挙国一致の実を挙げ、その間、著しく戦果を拡大することができた。けれども、まだ敵米英を屈服させるまでには至らない。かくて長期戦の段階へ突入しただけでなく、これまでにない国家の重大時機に際会したのである。

古来わが日本は、対外的に幾たびか大きな国難に出あった。その第一は、刀伊《とい》の入寇《にゅうこう》、元の襲来である。中でも、元寇の時には、前後三十数年の長きにわたって、長期戦がくりひろげられた。元は、東亜の天地を席捲《せっけん》し、その余勢を駆《か》って、文永及び弘安の両度、わが国土を襲ったが、殊に弘安四年には、艦船一千余隻、将兵十余万の大軍を以って、わが西辺の地を侵《おか》した。当時のわが国としては、まことに重大な危局であった。けれども、亀山《かめやま》上皇の御身を以って国難に代らんとし給うた叡慮のほどをかしこみ、北条時宗は、一身をなげうって起った。それに応じて、又、全国の将兵が、一せいに奮い起ち、上下挙《こぞ》って愛国の至情に燃え、老幼男女一致して事に当り、遂に元の大軍を覆滅して、よく国難をしりぞけたのであった。

第二は、江戸時代の末期に於ける欧米諸国の東亜侵略である。その頃、英・仏・露・米などが、わが国に加えた圧迫は、年とともに烈しさを加え、中でもイギリスは、進歩した近代産業を背景にして、すぐれた武器を作り、それを以って、東亜諸国を侵略割取《かっしゅ》しながら、次第にわが国へ迫って来たのである。

当時、わが国は、このような力ある国々の圧迫に対して、対抗することがむずかしい国情にあった。時あたかも、王政復古の大業が成し遂げられ、天皇御親政のもとに、挙国一致の実が挙がったので、外敵に侵略のすきを与えず、幸いにこの難局を切り抜けることができたのである。

第三は、明治二十七八年戦役、第四は、明治三十七八年戦役である。一は、その頃、東洋の大国と誇っていた清国を相手とし、他は、ヨーロッパ・アジアにまたがる強大国ロシアを敵にまわしたもので、当時のわが国としては、全く危急存亡を賭《と》した国難であった。けれども、御稜威のもと、両戦役ともに、上下一丸となって勇戦奮闘し、輝かしい大勝を博して、ためにその後に於けるわが国運の目ざましい発展を招来したのである。

第五は、今私どもの当面している大戦争である。現在の危局は、これまでの国難のいずれと比べても、更に重且《か》つ大である。まことに、皇国日本が、その使命とする大東亜建設の大業を成し遂げるか否かは、わが国運隆替《りゅうたい》にかかわる大事件である。一億国民は、聖業達成のために、万難を排して進まなければならない。

現代の戦争は、昔のように、単なる武力の戦でなく、政治・経済・思想・科学等、殆どあらゆる面にひろがって行なわれる、いわゆる国家総力戦という形を取っている。

武力戦に必要な航空機・艦船・戦車その他の兵器を作るためには、すぐれた科学と技術がなければならない。同時に又、これらの兵器を十分に準備し、そのおびただしい消耗に備えて、莫大な生産力と資源を必要とする。しかも戦争に勝ち抜くためには、戦線と銃後とを貫ぬいて、旺盛な戦闘意志と強固な必勝の信念とがなければならない。そうして、その根本には、どんな事があっても、かき乱されることのない、しっかりした国民思想がなければならない。更に、政治は、国内のいろいろの組織や働きなど、総べてその力を十分発揮し得るよう、運用されなければならない。

このように、現代の戦争は、武力はもとより、科学の力、経済の力、思想の力、政治の力など、総べてのものを挙げて、行なわれている。随って、戦線と銃後とは一体であって、離れることのできない関係にある。特に航空機の発達は、第一線を突破して、その後方千数百里の地点までを戦場と化し、国民全体は、挙げて国土防衛の戦士とならざるを得なくなった。戦争の勝敗は、全く国家の総力を発揮するか否かに、かかっているのである。

ドイツは、第一次欧洲大戦の前、武力戦に於いては、よく用意を整えていたが、経済・思想などの方面では、よく準備をしていなかった。それ故、武力戦では、最後まで敵国を圧倒して

いたけれども、経済戦では孤立の有様に陥《おちい》って、軍需品はもとより、日常生活品まで窮乏の極に達した。又、思想戦では、国内一部の者の誤った言動によって、国論の統一を欠《か》くようになった。それのみでなく、英米の宣伝や謀略にわざわいされて、国民思想の混乱をひき起し、遂に国民は戦う意志を失って、さしもの勝利を見ながら、結局戦争に負けてしまうという苦い経験をなめたのである。

私どもは、ここにはっきりと思いを定め、我執《がしゅう》を去り、利益を追い求める考えを捨てて、ひたすらに大政を翼賛し奉らなければならない。それがそのまま、この大戦争に勝ち抜いて、大東亜の建設を成し遂げるゆえんの道である。

この戦争が起ってから、国内では新しいたくさんの法律が出来た。又、巨額の資力も必要になっている。私どもは、国家総動員法の示すところや、基本的な国策に就いて、よくこれをわきまえ、それにそむくようなことがあってはならない。国の護りを固めるためには、防諜にも心を用いなければならない。又、四百億でも五百億でも、国家の必要とする貯蓄をしなければならない。

しかも、私どもにとって一番大切なのは、国民精神をさかんにするということである。国民総べてが、尽忠報国の赤誠に燃えて、御奉公の実を挙げなければならない。敵に皮を切らせてその肉を刺し、肉を切らせてその骨を断つとは、わが国古来の教えである。戦争が、どんなに長期にわたろうとも、私どもは覚悟をしっかりと固め、不撓《ふとう》不屈の精神に生き抜かなければ、大東亜の建設は、到底望むことができない。

私どもは、皇国の恵みに生まれ、皇国の使命に生きるものである。必勝の信念を堅持して、先ず足もとから、国内の生活に寸分のすきも無いよう、心がけなければならない。それによって始めて、私どものふむ一歩一歩が、力強いものとなり、新しい世界は、刻々と開けて行くのである。

高等科修身　二　男子用

一　国体の尊厳

明治天皇の御製に、

橿原《かしはら》のとほつみおやの宮柱たてそめしより国はうごかず

神代《かみよ》よりうけし宝をまもりにて治め来にけり日のもとつ国

と仰せられてある。皇祖天照大神は、わが日本の国をしろしめさしめ給う大御心によって、皇孫瓊瓊杵尊《ににぎのみこと》を降《くだ》し給い、

豊葦原の千五百秋《ちいほあき》の瑞穂の国は、是《こ》れ吾《あ》が子孫《うみのこ》の王《きみ》たるべき地《くに》なり。宜《よろ》しく爾皇孫《いましすめみま》就《ゆ》きて治《しら》せ。行矣《さきくませ》。宝祚《あまつひつぎ》の隆《さか》えまさんこと、当《まさ》に天壌《あめつち》と窮《きわま》りなかるべし。

との神勅を賜わった。この神勅こそ、実にわが肇国《ちょうこく》の精神を明らかに示し給うたものであって、皇孫降臨以来、大神の御子孫は相継いで皇位をお継ぎになり、わが皇国を統治あらせられるの

である。君臣の分は厳としてここに定まり、皇位の天地とともに窮りなく、万世一系の天皇を戴き奉《たてまつ》ることは、昭々としてこの神勅に明らかである。

皇孫瓊瓊杵尊が、神勅を奉じ、諸神を従えて、この国に天降《あも》ります時、大神は、尊に三種の神器をお授けになり、特に神鏡に就いて、

此れの鏡は、専《もは》ら我《あ》が御魂《みたま》として、吾《あ》が前《みまえ》を拝《いつ》くが如《ごと》、いつきまつれ。

と仰せられた。爾来御歴代の天皇は、践祚とともに、皇位の御しるしである神器を承け継がせ給う。

瓊瓊杵尊より彦火火出見尊《ひこほほでみのみこと》・鸕鷀草葺不合尊《うがやふきあえずのみこと》に至る御三代の間は、日向《ひゅうが》の地にいまして、深く御心を統治に注がせ給うた。このようにして、神武天皇の御代、遠隔の地方が、未だ皇化に霑《うるお》わないことを思し召され、舟師を率いて天皇は東方にお向かいになり、遂に大和地方平定の後、都を橿原に奠《さだ》め給うて、即位の大礼を挙げさせられた。

神武天皇は、この奠都《てんと》のみぎり、

当《まさ》に山林《やま》を披払《ひらきはら》い、宮室《おおみや》を経営《おさめつく》りて、恭《つつし》みて宝位《たかみくらい》に臨み、以て元元《おおみたから》を鎮《しず》むべし。上は則ち

乾霊《あまつかみ》の国を授けたまう徳《うつくしび》に答え、下は則ち皇孫《すめみま》の正《ただしき》を養いたまいし心《みこころ》を弘めん。然して後に、六合《くにのうち》を兼ねて以て都を開き、八紘《あめのした》を掩《おお》いて宇《いえ》と為んこと、亦可《またよ》からずや。

と仰せられ、更に御即位の四年、

我が皇祖《みおや》の霊《みたま》や、天《あめ》より降鑑《くだりひか》りて、朕が躬《み》を光助《てらし》けたまえり。今諸《もろもろ》の虜《あだども》已《すで》に平《たいら》ぎ、海内《あめのした》無事《しずか》なり。以て天神《あまつかみ》を郊祀《まつ》りて用《もっ》て大孝を申《の》べたまう可《べ》し。

と宣《のたま》わせられ、霊畤《まつりのにわ》を鳥見《とみ》の山中にたてて、皇祖天神を祀り給うたのである。歴代天皇ひとしく皇祖の神勅を奉体し給うて、神を敬《うやま》い、民を愛し、道を行ない、教《おしえ》を垂れさせられ、範を万世に遺《のこ》し給うた。

実に肇国の規模は宏遠であり、天つ日嗣《ひつぎ》は神位にましますのであって、皇国隆昌《りゅうしょう》の基《もとい》はここにあり、わが日本は、世界に比類ない国史を展開しながら、生々《せいせい》発展し来たっているのである。しかも、尊いこの国体のもと、皇国の民は、現御神《あきつみかみ》の恢弘《かいこう》あらせ給う大御業を輔《たす》け奉って、皇室のきわみない御栄えのために一身を捧げまつることを、その本分としている。わが国古来の美風は、君臣の分を固く守り、分に従って尽忠報国の誠を致すところにあるのである。

「神皇正統記《じんのうしょうとうき》」に、

「凡そ王土にはらまれて、忠をいたし命を捨つるは、人臣の道なり。必ずこれを身の高名と思うべきにあらず」

とある。和気清麻呂・楠木正成・北畠親房諸公の忠誠義烈が、千古の亀鑑《きかん》として輝き、後世人心をして奮起せしめるゆえんのものもまた、このところに存する。私どもは、このような美風を承け継いで、ますますわが国体の尊厳さを発揮せしめ得るよう努めなければならない。

紀元二千六百年紀元節の詔書には、

朕惟《ちんおも》うに、神武天皇、惟神《いしん》の大道に遵《したが》い、一系無窮の宝祚を継ぎ、万世不易《ふえき》の丕基《ひき》を定め、以《もっ》て天業《てんぎょう》を経綸《けいりん》したまえり。歴朝相承《あいう》け、上《かみ》、仁愛の化を以て、下《しも》に及ぼし、下、忠厚の俗を以て上《かみ》に奉じ、君民一体、以て朕が世に逮《およ》び、茲《ここ》に紀元二千六百年を迎う。

今や、非常の世局《せいきょく》に際し、斯《こ》の紀元の佳節に当る。爾《なんじ》臣民宜《よろ》しく思《おもい》を神武天皇の創業に騁《は》せ、皇図《こうと》の宏遠にして、皇謨《こうぼ》の雄深《ゆうしん》なるを念《おも》い、和衷戮力《わちゅうりくりょく》、益々《ますます》国体の精華を発揮し、以て時艱《じかん》の克服を致し、以て国威の昂揚《こうよう》に勗《つと》め、祖宗《そそう》の神霊《しんれい》に対《こた》えんことを期すべし。

と宣わせられてある。

実に天照大神は、豊葦原の国を瑞穂国とせさせ給い、歴代天皇相承けて、義は君臣にして情は父子という大御心を以って、臣民に臨ませ給う。わが臣民よく忠誠勇武に励んで、君臣一体、上下感孚《しょうかかんぷ》の実あらしめるところに、わが国の生々発展は現れる。

今や大東亜戦争によって、ビルマ・フィリピンの独立を見、万邦《ばんぽう》共栄の実は、着々とあがって来た。久しきに亘る米英世界制覇の野望も、皇軍の征《ゆ》くところ、一《ひとつ》として破砕せられないものはなく、世界新秩序の建設は、期して俟《ま》つべきものがある。私どもは今、まのあたりに、わが国固有の神武が発揚され、又、道義が貫ぬかれて行く生々発展の姿を見るにつけても、

夫《そ》れ神州の武を以て治むるや固《もと》より久し

と、明治天皇の詔《みことのり》に、仰せられてある聖旨を奉し、敬神崇祖、修文練武の道に励んで、うるわしい皇国日本の伝統をますます発揚するように努力しなければならない。日々の修練にいよいよ精進しなければならない。

箴言《しんげん》

一、神州孰《たれ》か君臨す。万古天皇を仰ぐ。（藤田東湖《とうこ》「正気歌《せいきのうた》」）

二、凡そ皇国に生まれては、宜しく吾が宇内《うだい》に尊き所以《ゆえん》を知るべし。（吉田松陰「士規七則」）

二　平素の訓練

「連合艦隊司令長官海軍大将山本五十六は、本年四月前線に於て全般作戦指導中、敵と交戦、飛行機上にて壮烈なる戦死を遂げたり」

昭和十八年五月二十一日のこの大本営発表に、一億国民は、しばし言葉もなかった。しかし、やがて驚きは、たぎり立つ憤りと変った。畏《かしこ》くも、

帝国は今や自存自衛の為、蹶然《けつぜん》起って一切の障礙《しょうがい》を破砕するの外《ほか》なきなり。

と仰せられてある聖旨を奉体して、断じて敵撃滅に挺身し、誓って宸襟《しんきん》を安《やす》んじ奉らなければならない。この決意が、山本元帥の戦死を機として、一層強く国民の胸に刻まれたのである。しかも一年後、更に連合艦隊司令長官古賀峯一《みねいち》元帥の殉職を耳にするに至っては、国民の憤りは、いよいよ加わらずにはいられなかった。

大東亜戦争は必ず勝つ。しかも、皇国日本を措《お》いて、真の世界平和を招来すべき秩序を建設し創造して行く資格のある国家は、断じて無いのである。私ども学徒は、みことのり畏み仰いで一切の障礙を破砕し、敵撃滅の日を早めて、建設の業を大成せしめなければならない。随《したが》っ

て必勝の信念を堅持し、進取敢闘の精神に培うことこそ、今の私どもにとって栄《はえ》ある責務である。

かつて、東郷元帥は人を諭して、

「大艦隊の戦闘は、一々命令によりて行なわるべきものにあらず。全軍主将の態度を仰ぎ、全軍これに倣《なろ》うて而《しか》して後、始めて大捷《たいしょう》を得べし。主将は、全軍の目標となるべき嚮導《きょうどう》者なり。口やかましき号令者にあらず。余は、我が主力を掌握し、全軍の模範者となりて戦わんことを欲するものなり」

と、述べていられる。東郷元帥は、決して口の人ではなかった。かの日本海海戦に於いては、旗艦三笠に坐乗して、わが連合艦隊の先頭に立ち、砲煙弾雨の中を泰然自若《たいぜんじじゃく》として全艦隊を指揮せられた。かくて、御稜威のもと、わが艦隊は、未曾有の大戦果を収めたのであって、ここに東郷元帥の陣頭指揮の精神が、燦《さん》として輝いている。この精神は、今次大東亜戦争に承け継がれて、皇軍将兵を奮い起たしめ、しかも山本元帥や古賀元帥の壮烈な最期によって、最もよく発揮されているのを見るのである。

国をおひてい向かふきはみ千万《ちよろず》の軍《いくさ》なりとも言挙《ことあげ》はせじ

という和歌は、山本元帥の豪壮な気魄《きはく》を吐露して、万世に教えを垂れたものである。私どもの日常生活に於いても、このような気魄こそ極めて大切であって、決戦下学窓に身を置く者に、国家の期待するところ、いかに大きいものがあるかを思い合わせてみなければならない。しかも、私どもは国民学校最高学年に在る者として、全校の範たるべきである。なにごとにつけても、率先垂範するところがなければならない。全校青少年の指導者たり得る実あらしめなければならない。

私どもの燃え上る忠誠心は、勤労動員に於ける生産増強や国防訓練の中で、よく錬磨される。敵撃滅の敢闘精神が、またここに培《つちか》われるのである。私どもは、学校でも働きつつ学ぶという態勢を充実させるに至った深刻な事態に就いて、想い到らなければならない。たとえ農園や職場で働こうとも、常に激しい戦闘を続けているという常在戦場の覚悟で、不断の訓練を続け、高等科生徒としての真面目《しんめんぼく》を発揮し得るよう努めることが大切である。そうして同時に、心の中深く平常心を持して、豊かな情操をも養うよう心がけなければならない。

かつて米英は、わが国運の隆昌を阻止しようとして、ワシントン会議やロンドン会議を開催し、帝国海軍の縮小を企てて、わが国はこれを承認せざるを得なくなったことがある。その時、報告を受けた東郷元帥は、

「建艦に制限はあっても、訓練に制限はない」

と説かれた。まことに元帥こそ、平素の訓練の大切なゆえんを深く体得していられた武将であった。元帥は日露戦役の直後、

「百発百中の一砲、よく百発一中の敵砲百門に対抗し得る」

と言って、平素に於ける百錬千磨の精神を示されたことがある。元帥のこの不抜な精神は、全軍の士気を奮起させて、今になお、帝国海軍のうるわしくもたくましい伝統として、護持されているのである。山本元帥はこの伝統の中に育《はぐく》まれながら、特に航空機の重要なことに注目して、わが荒鷲の育ての親となられ、訓練につぐに訓練を以ってされた。海軍では、今度の戦争に先立って、昼夜を分かたず、実戦以上の猛訓練が、間断なく続けられて来た。かの真珠湾攻撃・マレー沖海戦などの赫々《かくかく》たる戦果も、決して偶然のことではないのである。

　事を成し遂げるには、強くたくましい敢闘の精神がなければならない。敢闘の精神は、また平素の訓練によっての

み培われる。

東郷元帥は、「訓練を実戦と思え。実戦を訓練と思え」と言われた。激烈な戦闘に臨んでも、平素の訓練に於ける平常心を失わず、又、訓練に於いても、実戦に臨む気魄を持ち続けることが一番大切である。学校で行なう教練や武道も、適性に応じて特技の訓練をすることも、訓練ではあるが、ひとり学校の中での訓練だけではなく、平素の生活全部がまた訓練の極めてよい機会となるものである。山本元帥はまだ年少であった頃に、毎日夕方、学校まで駈足《かけあし》で行き、器械体操を練習する習わしを作った。それによって、強健な身体を鍛え上げようと、みずから努められたのである。私どもはいろいろ工夫してこのような心構えに学ぶところがなければならない。

ガダルカナルの戦に、中隊長として奮戦し、幾たびとなく敵の心胆を寒からしめた若林大尉は、

「後に続く者を信ずる」

という言葉を残して、壮烈な戦死を遂げられたという。私どもこそ、実に後に続く者である。訓練に訓練を重ねて、敢闘精神に強く培い、至誠尽忠の実を挙げるため、私どもは平素の学習に、又、修練に、ゆめ懈怠《けたい》の心を起すようなことがあってはならない。敵に対する敢闘撃滅の精神に徹し、単に知識・技能を錬磨するにとどまらないで、心の修養に励み、心身ともに平素

の訓練を積んで、一億の総力を発揮するよう努めることが、極めて大切である。皇国の使命を遂行するということも、実に脚下から始る。私どもは、平素の生活に就いて、絶えずわれとわが身を励まし、寸時《すんじ》も怠ることがあってはならない。

箴言

一、人生劈頭《へきとう》一個の事あり、立志是れなり。（春日潜庵《かすがせんあん》「丙寅録《へいいんろく》」）

二、日晷《にっき》一たび移れば、千載再来の今無し。（佐久間象山《しょうざん》「省諐録《せいけんろく》」）

三、事なさば十年も千年、なさざらば千年なにせん。（加納諸平《もろひら》「柿園詠草《しえんえいそう》」）

三　家の本義

わが国の家は、そのまま国の縮小したものであり、国は又、そのままに家の拡大したものである。このいわば家国一如《かこくいちにょ》ということに基づいて、親子、兄弟、夫婦が精神的に強く結ばれ、忠孝一本の大道を進み行く所に、皇国の生々発展は存している。

私どもの家は、上代から皇室を宗家《そうけ》としてつかえまつり、世々《よよ》忠誠を尽くして今日に及んだ。しかも君民国土一体の尊い国がらのもと、家の精神を尊重して、家の名誉を高めることは、同時に天皇の御稜威を発揚し、国の名誉をあげるゆえんとなるのである。現に、私どもが家族のしたがい守るべき道として、孝・友・和などを重んじて、祖先の遺風を顕彰することに努めるのは、即ちこの家の精神を尊重するところから生まれている。

家の生活は一方に於いて、楽しい一家団欒《だんらん》を求める「憩いの場所」という意味を有する。しかし、わが国の家は、もともと尊い「おしえの庭」であり、国民としての生活を修練せしめる神聖な斎境であるというところに、本義を見出だすものである。

大伴家持卿は、その一族を諭して、

子孫《うみのこ》のいや継ぎ継ぎに　見る人の語り継ぎてて　聞く人の鑑《かがみ》にせむを

惜《あたら》しき清きその名ぞ　おほろかに心思ひて　虚言《むなごと》も祖《おや》の名断つな
大伴の氏と名に負へる　健男《ますらお》のとも

と歌われた。「大君のへにこそ死なめ」と赤誠こめる国民生活の至境こそは、まさしく家の生活に在って、明《あか》く浄く直《なお》く正しく生きようとする修練をなすところからのみ、生まれ出るものである。実に、みことのり畏み仰ぐ臣道《しんどう》実践の生き方をするその礎《いしずえ》を築くのは、皇国日本に於ける家の生活でなければならない。

私どもは、ここですぐに菊池一族の尽忠精神に就いて想起することができる。

菊池家の祖藤原隆家《たかいえ》は、後一条天皇の御代、太宰権帥《だざいのごんのそら》であった。時恰《あたか》も刀伊《とい》の入寇《にゅうこう》があり、隆家は直ちに兵を集めてこれを防ぎ、よくその大任を果した。八代目に当る菊池能隆《よしたか》は、後鳥羽上皇の詔を奉じて、承久の変に、北条氏の軍を宇治・勢多《せた》に防いで敗れたが、終始一貫、大義を明らかにした。又、十代武房は、文永・弘安両度の役に、元の大軍を撃破して、外敵の侮りから皇国を護った。更に、後醍醐天皇の綸旨《りんし》を奉じて、楠木正成が千早の城に尽忠の孤塁《こるい》を守るや、十二代武時は敢然これに応じて、九州探題北条英時《ひでとき》討伐のために蹶起《けっき》した。武時は、先ず阿蘇神社に参拝し、背に負う鏑矢《かぶらや》を取り出して、恭《うやうや》しくこれを神前に献じ、暫《しばら》く神明《しんめい》の加護を祈って、

もの丶ふの上矢《うわや》のかぶら一筋に思ふ心は神ぞ知るらむ

の一首を詠じ、勤皇の精神を披瀝《ひれき》したと伝えられている。戦、利あらず、討死を覚悟した武時は、その子武重に、「汝をば天下のために留むるぞ」と言い、これを家郷に帰して、遂に博多の浜に戦死した。建武の中興成って、大楠公《だいなんこう》は、武時を「忠厚第一」と奏上した。やがて足利尊氏が叛《そむ》いて、天下は再び暗雲に包まれるようになった時、武時の子武重は一門を率いて起ち、関東の地に尊氏の軍を破った。その後、肥後に帰って城を守ったが、日に日に官軍の衰えて行く中にあって、孤軍よく大義を守り続けたのである。後を承《う》けた弟武光も、また九州一円にその勢力を振るい、大いに官軍のために気を吐いた。

　更に武政・武朝が、また志を継いで、西陲《せいすい》の地に在りながら、勤皇の大旆《たいはい》を振りかざし、一門挙げて奉公の誠を致した

のである。父子相伝え、兄弟相承けて父祖の志を継ぎ、忠孝一本の大道に生きた菊池家一門の人々は、まことに皇国の家の範を示されたものといわなければならない。

私どもの家は、親と子との関係を保ちながら、それが縦につらなって行くことによって、祖孫一体という統一的な生命が流れている。即ち、子としての私どもは、親の血を分けて生まれたという事実のうしろに、遠く祖先を通じて流れて来た血があることを心得なければならない。又、家の生活は、郷土の生活を通じて、国土及び国民生活と繋がっている。氏神や産土神《うぶすながみ》を中心に、家と家とが、或いは祖先を同じくし、或いは郷土を同じくするという親しい感情で睦び合う。こうした血の繋がり、土の繋がりが、国民的伝統としての霊、即ち家の精神によって力強く培われることによって、万邦無比のうるわしい家族国家は出来上っているのである。

家は、もともと「おしえの庭」であるから、私どもはここで家長を中心として、皇国民としての修練を重ねることが大切である。道義を貫ぬくにも、敬神崇祖の念を深めるにも、又、家族相互にわがままを矯《た》めなおして、長幼の序を重んじ、上下の区別を立てるにも、或いは豊かな情操の涵養《かんよう》につとめるにも、総べては家の生活が土台となる。このことと結んで、私どもは、なお古来特に武家時代に於いて多く見られた家庭に於ける躾《しつ》け、並びに家訓・庭訓《ていきん》というようなものの有する深い意味を見落してはならない。

家は神聖な住居であり、斎境である。私どもは、このような家の本義に就いてよくわきまえ、

二　男子用

皇国の隆昌を念じて、ますますわが家の生活を健全にして行くよう努むべきである。皇室を畏み仰ぎ、国民総べてが互に家を思い、祖先をしのんで、尽忠報国の誠を致す時、皇国の道は、おのずから光り輝くことを忘れてはならない。

箴言

一、一日生きば一日こゝろをすめらぎのみためにつくす吾が家のかぜ（橘曙覧《あけみ》）

二、天地の間、父母なきの人無し。其の初め胎《たい》を受けて生誕するより、成長の後に至り、其の恩愛《おんあい》教養の深き、父母に若《し》く者莫《な》し。よく其の恩を思い、其の身を慎み其の力を竭《つく》して、以て之に事《つか》え、其の愛敬を尽すは、子たるの道なり。故に孝行を以て、人倫の最大義とす。（「幼学綱要」）

四　貯蓄と戦力

現代の戦争では、常に多量の兵器や弾薬が用いられ、それに伴なって、これをととのえる資金、即ち戦費が豊富に必要となる。しかも、物資の消耗される数量は、参戦国の数が多いか少いか、強大国であるか弱小国であるか、戦争期間が長いか短いかなど、なかんずく科学技術が進歩しているか否かによって、著しい相違が出来て来る。

今度の大東亜戦争は、わが国が、世界の強大国といわれて来た米英を敵として、空に海に陸に、科学兵器の粋《すい》をこらして、日夜の別なく、激しい戦を続けている未曾有の大戦争である。随って、わが国の戦争に使う物資の数量は、今までの戦争とは比較にならないほど莫大なものであり、これをまかなう戦費も、いかに多額に上るかは、推測するに難くない。

又、今までの戦争では、資力のある強大国から金を借り、それによって必要な物を買うこともできたのであるが、今度の戦争では、世界の強大国は、総べて二つに分れて、各地で戦っているため、わが国が外国から「金」を借り、それによって物を買うことは、できなくなっている。それ故に、莫大な戦費は、一部大陸や南方共栄圏内の各地で調達し得るもののほかは、全部国内でまかなわなければならない。そうして、これは租税でまかなうほかは、総べて国債によらざるを得ないのである。又、単に戦費だけでなく、戦争に必要な物資をも自給自足しなければならないので、物を生産するための設備の拡充が必要となり、そのためのいわゆる生産拡充資金も、大部分国内で調達しなければならない。

それでは、この莫大な戦費や生産拡充資金は、いかにして調達せられるか。つまるところ、国民の貯蓄を以って、国債を求めたり、社債を買ったりする方法によるほかはない。戦争に際して、国家は莫大な「金」を使うのであるが、それは総べて、戦争に必要な物を買い、戦争に必要な物を造るためのものである。私どもは、この点をよく考えておかなければならない。即ち国民が、その懐《ふところ》にはいった「金」で、気ままに自分の欲しいだけの物を買うようになると、物の配給が、国民全部に対して、公平に行き亘らないようになるばかりでなく、物価は次第に高くなって来る。そうして物の生産・配給と物価とを中心にして営まれている複雑な経済の秩序はみだれて、物の生産がまた阻害せられることとなる。物資の配給や物価を統制しているのは、つまり、このようなことが起らないようにするためである。

しかし、どのように物の配給や物価を統制したにしても、国民の間に、自由に使える「金」が溢れていては、統制は巧く行くものではない。ここに国民の所得となった「金」を、使わないで貯めて置くこと、即ち貯蓄が必要になって来るのである。

貯蓄に就いては、わが国で古くから「勤倹貯蓄」という語もあるように、醇風美俗《じゅんぷうびぞく》として称揚せられ、師表《しひょう》と仰がれる人は、必ず国民に貯蓄を説いたものである。乃木大将の言葉に、「質素は分を守り、分を慎むことで、質素であれば、自分の天職を全うし、人格を向上させることができる。又、奢侈《しゃし》を戒めて貯蓄を図れば、国力はおのずから充実する。貯蓄は、私財を蓄えるためではなく、国家有事に役立てるものであることを忘れてはならない」とある。

大東亜戦争下、特に留意しなければならないのは、貯蓄励行の目的は、戦争に必要な兵器・弾薬をできるだけ多く造り出すようにするところにあるという点である。それが自然に、貯蓄した者の財産を増すことになって、戦時下に於ける国民生活をいよいよ健全なものにする。物の生産を増すためには、国民挙げて労力の不足を補い、第一線将兵が応召に先立って働いていた分、否それ以上の分までを働かなければならない。そのために、私ども学徒も、また力の限り増産に挺身するよう強く求められて来たのである。

このようにして勤労にいそしむならば、国民の収入は当然増加するが、一方私どもは、生活を戦時的に切り下げ、消費を少くして、貯蓄に努めるようにしなければならない。収入が増加しても、それをただ消費するだけでは、消耗された物資は、戦争に必要な兵器・弾薬に振り向けることができなくなる。一枚の紙にしても、これをむだづかいしないで節約すれば、その原料である木材や石炭、又、それを製造するに必要な労力は、勝ち抜くために大切な兵器・弾薬の生産や、物資輸送の方面に転換することができる。日常生活に用いるどんな些細《ささい》な物でも、それを節約することによって、直接間接に物的戦力の増強に役立て得るのである。

私どもは、物を大切にして、永く使用するように心がけ、いろいろ工夫を加えて生活を切り下げ、又、できるだけ物を買わないように努めなければならない。しかも、このような事がらは、いずれも国民総べてが、前線で身命《しんめい》を賭《と》して戦う皇軍将兵と同じ心構えになって、率先事に当り、互に励まし合ってこそ、りっぱな成果を挙げることができる。銃後国民の御奉公の道は、みんながその分に応じて働き抜き、所得を産み出すとともに、生活は、力の限り切り下げて、消費を節約し、国債の購入や貯金に懸命になって、貯蓄の増強を期するということに尽きる。そうすれば、軍の光輝ある歴史のもと、この大東亜戦争には、必ず勝ち抜くことができるのである。

箴言

一、戦捷の要は、有形無形の各種戦闘要素を綜合して、敵に優る偉力を要点に集中、発揮せしむるに在り。(「作戦要務令」)

二、紙一枚、糸一筋、みな大君《おおきみ》のたまものなり。(竹内式部「奉公心得書」)

三、倹約の仕方は、不自由なるを忍ぶにあり。(伊達政宗「伊達政宗壁書」)

五　健康の増進

皇国は、今国を挙げて戦っている。道義に基づくわが肇国精神の顕現《けんげん》という大使命を遂行するためには、前途幾多の困難を克服しなければならない。戦局重大の折から、私ども学徒が協心戮力《りくりょく》することのできる第一歩は、自分こそ国家の求める忠誠勇武な国民の一人であるという自覚に立って、自分自身を錬磨することである。大正十一年十月三十日、学制頒布《はんぷ》五十年記念式典に於いて賜わった勅語の中に、

惟《おも》うに教育は、心身兼ね養い知徳並び進むを尚《たっと》ぶ。

と仰せられてある。皇国に生をうけた私どもは、辱《かたじけな》くも天皇陛下の赤子《せきし》と呼ばれ、御民《みたみ》と称せられるにつけても、いよいよ心身の鍛錬に努めなければならない。

皇国の使命遂行に身を挺して、ますます国威を発揚するとともに、大国民たる実を挙げるためには、いかなる困難にも堪えることのできる、強健な国民となることが大切である。不注意のため病気にかかったり、虚弱な人と嘲《あざけ》られるようなことがあっては、ただに父母の志に背くのみでなく、ひいては国家の力を弱めることになる。伴信友《ばんのぶとも》先生の歌に

事しあらば君が御楯となりぬべき身をいたづらにくたしはてめや

とある。

先生は、博覧強記の人であった。しかも、その驚くほど多くの学問的業績は、常に精神をひきしめ、身体の鍛錬に心がけて、老年に至るまで、健康の増進に努め、刻苦《こっく》勉励《べんれい》された結果であった。或いは朝夕強弓《ごうきゅう》を引いて射を試み、或いは刀を取って突きの動作をすること数百回、寒暑《かんしょ》をいとわず、これを一日も休まなかったことなど、先生が鍛錬にいそしまれた逸話は、今になお多く伝えられている。

私どもは、精神を錬磨するとともに、又、身体に留意し、これを鍛えて、健康の増進

に努めなければならない。自分の身体だから自分の勝手にしてもよい、と考えることは誤りである。「孝経」開巻第一に、「身体髪膚《はっぷ》、之を父母に受く。敢えて毀傷《きしょう》せざるは、孝の始め也《なり》」と見える。古人は又、「一身はただ父母の遺体たるのみにあらず、是れ乃《すなわ》ち無上道《むじょうどう》を載《の》するの器なり」とも言っている。私どもが、忠孝一本の大義に出でて、至誠奉公の実あらしめんがために、身体の大切なゆえんは、まことに明らかではないか。

よく「身体を大事にする」と言う。しかし、「大事にする」とは、決して安逸をむさぼることではない。常に姿勢を正しくすることを始めとして、その他、皮膚の摩擦や薄着の習慣をつけるようにも努めなければならない。どんな苦しみにも堪えるように、身体を鍛錬するのが、ほんとうに身体を大事にするゆえんである。今、第一線では、皇軍将兵が不慣れの土地に在って、言語に絶する艱難《かんなん》を克服して、敵と戦っている。もしも私どもの身体が、不幸にして、かかる困難に堪えられず、中途で挫折するようなことがあったら、断じて不忠不孝の罪を免れることはできないのである。

規律正しい生活をすれば、自然に体の調子が整って、健康は増進する。不規律は、生活を乱し、精神を弛緩《しかん》させ、その隙に乗じて病魔も襲うのである。太陽の光熱は、万物を育成する大きな力をもっているから、適度の日光浴は、皮膚を強くし、身体を強壮にする。又、居室や夜具に日光を十分に当てれば、気持が爽やかであるばかりでなく、病菌も死滅する。戸外の新鮮な空気も、また私どもにとって大切なものであるから、居室はなるべく窓を開いて換気を良くし、努めて戸外へ出て、爽やかな外気を吸うがよい。薄暗いじめじめした所にばかり居ると、心も体も不健全になって、正しい生活が送れなくなる。

戦争が激しくなるにつけ、節制は寧ろ平素以上に大切である。与えられた食物は、諸恩に感謝するとともに、よく嚙《か》み味わわなければならない。そうすれば、たとえ少量でも、総べてが自分の体の血や肉となり、その恩恵を悉《ことごと》く受けることができるようになる。食物の好き嫌いは、わがままから起って来る。常に感恩報謝の心を失わないで、何でも進んで食べるようにすれば、自然に好き嫌いは無くなる。国民は、今、戦力増強に、日夜必死の努力を続けている。戦に勝つためには、身体の無理も気魄を以って克服し、一路増産に邁進しなければならない。そのためには、鍛錬が必要であって、私どもは進んで事に当るとともに、規則正しい休養と適度の睡眠によって、速やかに疲労を恢復し得るよう、工夫に努めることが大切である。

昔の武士は、身体の鍛錬と精神の修養を一体のものとして、錬磨に励んだ。心身は本来一如《いちにょ》である。不屈な精神を発揮させ、正しい明かるい精神をもち続けてこそ、身体もいよいよ健康になる。

保健・衛生に就いても、国民の一人一人が責任を感じて、皇国日本を正しく強いものにするという覚悟で臨むことが、大切である。特に私どもは、すぐに軍人として皇国防衛の任に当るという大きな使命をもっている。国家が、飲酒・喫煙の弊に就いて、青少年の自覚を促し、結核予防法や国民体力法等を定めているのも、結局、私どもを護ろうとするためであり、又、国民保健に留意して、いろいろの公共施設をなし、健民運動を指導しているのも、このためである。私どもは、こうした国家の意のあるところを十分わきまえて、進んでこれに協力するよう、心がけなければならない。国運の隆昌を念じて献身奉公するということは、実にこの健康の増進に努めるという手近なところから始るのである。

箴言

一、学道勤労して他事を忘るれば、病も起るまじきかと覚ゆるなり。（道元「正法眼蔵随聞《しょうほうげんぞうずいもん》記《き》」）

二、懈怠怯弱《けたいきょうじゃく》の百歳は、勇猛努力堅固の一日に如《し》かず。（「法句経《ほっくきょう》」）

三、身の楽しむ時、謹むべし。心の驕《おご》る時、恣《ほしいまま》にすべからず。（「曾我物語」）

六　屯田兵魂《とんでんへいだましい》

北海道は、はやく江戸幕府及び松前藩の手によって開拓に着手されていたが、明治の初めには、まだ耕作地も人口も、極めて僅かであった。明治天皇には、特にこの開拓に軫念《しんねん》あらせられ、政府は明治二年に開拓使を置いて、同地の開発に力を注いだのである。その折、いろいろの施策が行なわれたが、中でも注目すべきものとして、屯田兵の制度がある。

即ち、後に開拓使長官となられた黒田清隆は、明治六年政府に建議して、維新の際、世禄を失った士族を移住させて屯田兵とし、農耕に従わしめるとともに、北辺の警備に当らしめようと図られた。政府はこれを容れて、着々準備を進め、八年に至って、宮城・青森・酒田三県下の志望者を移し、その後、年々殆ど全国に亘って、士族のみでなく、ひろく農民を募って、屯田兵となしたのである。

黒田長官が、このような屯田兵をはじめられた心底は、兵と農とを一にし、国防と生産とを結合し、武士道と農民道を合一して、新しい国防体制を固めようとするところにあった。これをたすけられた屯田兵本部長永山武四郎中将は、又、その志を継いで、これを大成しようとされたのである。ここに明治の大御代に「防人《さきもり》」の再現が見られたのであった。

屯田兵は、一戸ごとに兵屋と土地とを支給され、兵員として軍務に従うと同時に、家族とと

もに開墾に当り、軍務も農務も、総べて集団的な隊伍の編成によって行なわれたのである。その数は次第に増加して遂には七千余戸、約四万人に達し、いろいろの困難を排して、各地方の開発に当り、又、ロシアを控えた北方の警備に大きな功績を遺した。

私どもは、今、ここで屯田兵及びその家族の心得書「家族教令」を熟読して、その中に盛り上げられた日本精神と新しい生活への戒めが、そのまま昭和の大御代、大東亜建設に挺身するわが国民にとって、力強い魂となり得ることを痛感するものである。教令には、初めに、

「屯田兵は重き護国の任務を帯び、且《かつ》拓地殖産の業務を担う者にして、其責任軽からざるは言うまでもなく、世に比類《たぐい》なき厚き保護を受くる者なれば、官の規則を厳重に守るべきは勿論、猶此《なおこの》教令に従いて本務を完《まっと》うし、厚き保護の大恩《だいおん》に報ゆることを勗《つと》めざるべからず」

とあって、

「一、汝等の服する屯田兵役は、兵役相続の法ありて、独り兵員の一身に止まらず、延《ひ》いて子弟にも及ぶものにして、屯田兵の一家は取《とり》も直さず往昔《むかし》の武門武士の列に加わりたると等しければ、兵員は勿論家族に至るまで、専《もっぱ》ら忠節を重んじ、武勇を尚び、廉恥《れんち》を思い、志操《しそう》を堅くし、苟《かりそめ》にも武門武士たるの体面を汚す様の事之れあるべからず」

と述べて、皇国民たる自覚を強く求めている。その二には、又、

「汝等の身命は上天皇陛下に捧げ奉りしものにして、自身の身命にはあらざるなり。故に苟《かりそめ》にも自己《おのれ》の不養生より疾病《やまい》を醸《かも》し、又は其不心得より罪を犯す等の事之れあるべからず。万一之れあるときは不忠此上《このうえ》なければ、常に衛生に注意し、言行を慎みて、身命を大切にせざるべからず」

とあって、皇国民たる者の生命観に就いて、厳かに教導している。この条を読む者、誰か「海行かば」の歌を想起しない者があろうか。実に屯田兵は、「捨身の歓びのため、あやまたず身命を養うべし」と、教えられたのである。次の条には、

「汝等は何時如何なる命令あるも、直《ただち》に其命令に従わざるべからざるが故に、兵員は申すに及ばず、家族に至るまで、俄《にわか》の出戦《しゅっせん》等に臨《のぞ》みて聊《いささか》も差支《さしつかえ》なき様、平生より其万端の用意を整え置かざるべからず」

と、常在戦場の心を不断に持せよ、と警《いまし》めてある。ここでも、また私どもは、「大君のみこと

かしこみ磯にふり海原《うのはら》わたる父母をおきて」と詠じ、更に、「けふよりは顧みなくて大君のしこの御楯と出で立つわれは」と歌った防人の心をしのぶのである。

なお本教令は、兵と農とが一に帰することによって、天業を翼賛し奉るゆえんを明らかならしめている。たとえ、武術にすぐれようとも、一方で生計を立て得ない者は、屯田兵の使命を全うしたものとはなし難い。私どもは、先ず一家の生計をうち立てなければならない。一家の生計を立てるため、拓地殖産の事業を成し遂げてこそ、護国の大任を果すことはできる、というのである。教令には、又、家族の協力の大切な点を諭して、

「兵員は、戦時は勿論、平時と雖《いえど》も軍事上の任務を帯《お》ぶるを以て、農業にのみ従事するを得ざれば、其家族たる者は、兵員の力を頼まず、互《たがい》に心を励み力を協《あわ》せて、開墾耕稼《こうか》の事に従い、兵員をして只管《ひたすら》兵役の任務を尽さしむる様なさざるべからず」

と述べてある。召集を受けた兵員は、それがただ一個の国民としてであるように見えても、実は家族とつながっている。それ故、あとに残った者たちも又、名誉を重んじて家を守り、兵員をして専心御奉公の実を挙げしめるよう、戮力一致、稼穡《かしょく》の業を致せ、と諭してあるのである。

私どもは、こうした条々に、屯田兵が国防と生産の両全に一切の力を発揮しようと努めた逞《たくま》しい魂を看取することができる。しかも、それは涸《か》れることなく、脈々として流れ出る生命の泉であり、生々発展する皇国日本の美しい伝統である。わが国は、古くは兵農一致であり、国

民総べて兵であった。明治の大御代、皇政の復古、天皇の御親率とともに、兵と農との分離が一に帰し、千有余年にして再び古昔《こせき》の制に立ち帰ったのである。

実に、屯田兵は、この兵農一致の根本精神に出発して、国家の干城たるとともに、質実剛健な農民として立ち、尽忠報国の精神と旺盛な開拓精神とを兼ね備え、国家のため己を忘れて刻《こっ》苦励精《くれいせい》、よくその務めを果したのであった。この制度は、同地の開発が次第に進み、旭川に師団が設置せられるに及んで、明治三十六年廃止せられたが、そのうるわしい伝統は、みごとに築き上げられて今日に及び、現在の兵制にも影響するところが極めて大である。そうして、満洲開拓青年義勇隊が、また同じ流れをくむもの、ということができる。義勇隊の綱領に、

一、我等は天祖の宏謨《こうぼ》を奉じ、心を一にして邁進し、身を満洲建国の聖業に捧げ、神明に誓って天皇陛下の大御心に副《そ》い奉らんことを期す。

二、我等は身を以て一億一心民族協和の理想を実践し、道義世界建設の礎石《そせき》たらんことを期す。

とある。

日本民族は、二千六百有余年の間、つぎつぎに錬成を続け、年ごとに強い自覚を固めた。私

ども、またそれを守り継がなければならない。しかも、大東亜戦争下、今や学徒動員の強化が求められて、行学《ぎょうがく》一体の境地に於いて、私どもは、日々を極めて意味深く送っている。現に勤労に挺身していることこそ、皇国無窮の生々発展に実を結ばしめるものであって、これを単なる自分一個のこととして考えてはならない。私どもは、道義世界建設を目ざす負荷の大任を自覚し、厳かに目前の事業を承行《しょうこう》し、尊い皇国の伝統にとけこむよう、努めなければならない。

箴言
一、農は万業の大本なり。（二宮尊徳「二宮翁《おう》夜話」）
二、穀無きにあらず、耕さざるが故なり。（二宮尊徳「二宮尊徳全集」）

七　聖旨奉体

栄《さかえ》ある皇国の民として、天壌無窮の皇運を扶翼し奉るためには、教育に関する勅語の御趣旨を奉体して、実践躬行《きゅうこう》に努めなければならない。教育に関する勅語は、明治天皇が、明治二十三年十月三十日下賜《かし》あらせられ、わが国教育の大本を示し給うたもので、わが国徳教《とっきょう》の基《もとい》であり、国民の夙夜《しゅくや》奉体すべき不磨の聖訓である。私どもは御趣旨の存するところをよく拝察し、肝に銘じて服膺《ふくよう》しなければならない。

今、勅語を拝誦《はいしょう》し奉れば、先ず初めに、

朕惟うに、我が皇祖皇宗国を肇《はじ》むること宏遠に、徳を樹《た》つること深厚なり。我が臣民克《よ》く忠に克く孝に、億兆心を一にして世々《よよ》厥《そ》の美を済《な》せるは、此れ我が国体の精華《せいか》にして教育の淵源亦《また》実に此に存す。

と、仰せられてある。

この冒頭の御言葉は、わが国体の精華を明らかにし給うて、わが国の教育の基づくところをお示しになったものである。既に学んだように、わが国は、国初以来極めて古く、しかも万世一系の天皇が、これを統治し給うのである。皇祖皇宗のわが国を開き、わが国の基礎を定め給うに当っては、その規模を広大にして、永遠に亘って動くことなからしめ給うた。又、皇祖皇宗は、神を敬《うやま》い、民を愛し、道を行ない、教えを垂れさせられ、以って範を万世に遺し給うた。そうして、臣民は大御心を奉体して大君に忠を致し、父母に孝を尽くし、協力一心、常にこの美風を全うして来た。これは、わが国体の精華であって、わが国教育の基づくところも、またここにある。

世界に国多しとはいえ、わが国のようにすぐれた国体を有するものは、一つもない。私どもは、よくこの卓絶した国体の本義を会得して、永遠にこれが顕現に努めなければならない。もし、この心がけが無ければ、わが国教育の本義に副《そ》わないものとなるのである。

次いで勅語には、

爾《なんじ》臣民、父母に孝に、兄弟《けいてい》に友に、夫婦相和し、朋友相信じ、恭倹己《きょうけんおの》れを持し、博愛衆に及ぼし、学を修め、業を習い、以て智能を啓発し、徳器を成就《じょうじゅ》し、進《すすん》で公益を広め、世務《せいむ》を開き、常に国憲を重じ、国法に遵い、一旦緩急あれば義勇公に奉じ、以て天壌無窮の皇運を扶翼すべし。是《かく》の如きは、独り朕が忠良の臣民たるのみならず、又以て爾祖先の遺風を顕彰するに足らん。

と、仰せられてある。

謹んで拝誦すれば、天皇は臣民の心得に就いて示させ給うに当り、先ず親しく「爾臣民」とお呼びかけになって、以下、私ども臣民の日夕実践躬行すべき道徳の大綱を、お諭しになっていられる。

皇国の臣民たる者は、父母に孝行を致し、兄弟姉妹は友愛を旨とし、夫婦は互にその分を守って、睦び合い助け合わなければならない。これらは皆、わが家を平和にし、国民生活の繁栄を致す道である。

朋友は、骨肉に次いで親しいものであって、特に信を以って交わることが大切である。又、常に自己をひきしめて、聊《いささ》かでも放肆《ほうし》に陥るようなことがあってはならない。しかも他人に対しては、仁愛の心を基とし、親より疎に及んで、広く博愛に力を用うべきである。

天皇陛下の赤子として、常に皇恩に浴《よく》する臣民は、皇国の使命達成に邁進しなければならない。されば、臣民たる者は、皆それぞれ学問を修め業務を習って、智能を錬磨し、徳性の涵養に努め、国家有用の人物とならなければならない。又、進んで公共の利益を広め、世上有用の業務を開くことを心がけなければならない。これらは、挙《こぞ》って皇国民たる務めを全うするゆえんのものである。

皇室典範及び大日本帝国憲法は、共に天皇のお定めになったわが国の大法《だいほう》である。臣民たる者は、常にこれを尊重しなければならない。その他諸々の法律・命令も、この大法に基づき、国家の隆昌と臣民の康福《こうふく》とのために制定されたものであるから、常によくこれを遵奉《じゅんぽう》し、進んでその精神の発揚に心がけることが大切である。

以上は、主として常時に践《ふ》み行なうべき道であるが、もし一朝大事の起ることがあった場合には、大義のために奮い起ち、一身を捧げて皇室・国家のために尽くさなければならない。これこそ私どもの不断に覚悟すべき重大な務めである。

皇国の民が、以上お諭しになられたところを体得実践することは、結局宝祚の御栄えと大御業を輔翼し奉るゆえんにほかならない。「以て天壌無窮の皇運を扶翼すべし」とは、実に私どものしたがい守るべき道が、ここに究極するものなることを諭し給うた優渥なる御趣旨と拝察されるのである。

かくて、聖旨を奉じてこれを実行する者こそ、ここに仰せられてある忠良の臣民であり、祖先に孝なるゆえんである。勅語の冒頭に仰せられてあるように、わが国の臣民は、億兆心を一にして、克く忠孝を重んじ、これを実行して来た。忠孝は、実にわが国道徳の根幹であり、国民生活に必須な諸々の心得もつまり忠孝の大道を全うするゆえんであることを、十分わきまえていなければならない。そうして祖先の遺した美風を発揚するように努めなければならない。

勅語には、最後に、

斯《こ》の道は、実に我が皇祖皇宗の遺訓にして、子孫臣民の倶《とも》に遵守すべき所、之を古今に通じて謬《あやま》らず、之を中外に施して悖《もと》らず、朕爾臣民と倶に拳々服膺《けんけんふくよう》して、咸《みな》其徳を一にせんことを庶幾《こいねが》う。

と仰せられてある。

謹んで拝誦すれば、これまで示させ給うた道は、皇祖皇宗の御遺訓であって、その御子孫も、私ども臣民も、相倶に遵奉すべき御訓《みおし》えである。しかも、この皇国の道は、古今を貫ぬいて、永久に間違うところがなく、又、わが国は固《もと》より、外国で行なっても正しい道であるとのお諭しである。

明治天皇は、このように皇国の道を明示し給い、畏くも臣民と共に、この道を実践躬行することを望ませ給うたのである。臣民たる者、誰かこのありがたい大御心に感泣《かんきゅう》しない者があろうか。この感激をもたない者は無いが、その実行に於いては、聖旨の奉体に欠けるようなことがありはしないか。自分の平生を省みる時、やましく思うことがありはしないか。そのようなことがあれば、大御訓えに副わない不忠の臣となるわけである。私どもは、よくよくわが身を省みて、いかなる場合に於いても、奉体の実を挙げなければならない。

今上陛下は、昭和十五年十月三十日、教育に関する勅語渙発《かんぱつ》五十年記念式典に於いて、勅語を賜わった。

皇祖考曩《こうさき》に聖勅《せいちょく》を降《くだ》したまいて、国体の精華を闡明《せんめい》し、国民道徳の大本《たいほん》を昭示《しょうじ》したまいしより茲《ここ》に五十年なり。而《しこう》して爾臣民克く聖勅の趣旨を体し、夙夜《しゅくや》振励文《しんれいぶん》を経《けい》とし、武を緯《い》とし、教化爰《ここ》に洽《あまね》く学風以て振い、国運の隆昌克く今日あるを致せるは、朕の深く懌《よろこ》ぶ所なり。

今や国際の情勢は曠古《こうこ》の大変《たいへん》に際会《さいかい》せり。爾臣民其《そ》れ世局に鑑《かんが》み億兆心を一にし、時艱《じかん》を克服して大訓の聖旨に副《そ》いたてまつり、以て徳輝《とっき》を四表《しひょう》に光被《こうひ》せんことを期せよ。

思えば、私どもは教育に関する勅語を拝誦して、日夜聖旨の奉体に努め、皇国民としての修練を重ねて来た。今や皇国は未曾有の重大時局に際会している。私どもは、ここに国体の尊きゆえんに就いて、改めて深く思いを致し、総力を結集して、君国のため報ずる覚悟を固めなければならない。これがためには、必勝の信念を堅持し、更に一層、聖旨の奉体に精進し、日々の実践を通して、皇国の民たる真面目《しんめんぼく》を発揮するよう努力することが肝要である。

箴言

一、天地正大の気、粋然《すいぜん》として神州に鍾《あつま》る。（藤田東湖「正気歌」）

二、忠孝二なく、文武岐《わか》れず、学問事業其の効《こう》を殊《こと》にせず。（徳川斉昭「弘道館記」）

三、勅を奉じて死す、死すとも猶《な》お生けるが如し。（吉田松陰「戊午幽室文稿《ぼごゆうしつぶんこう》」）

四、何ぞただ富国のみならんや。何ぞただ強兵のみならんや。大義を四海に布《し》かんのみ。

（横井小楠《しょうなん》「沼山閑話《しょうざんかんわ》」）

八　薩摩の義士たち

はてもなく続く濃尾の沃野《よくや》を縫って、木曾・長良・揖斐《いび》の三川が、伊勢の海めざして流れくだる。しかも美濃南西部では、大小二百余の小川が、分流となって、網の目のように入り組み、水かさが増すと、濁流は滔々《とうとう》とあふれて、この地帯を惨害《さんがい》で掩《おお》うたことも、一度や二度ではなかったのである。

宝暦年間、幕府は水害を除いて、沿岸幾十万の民を救うため、一大治水工事を計画して、その手伝役《てつだいやく》を、遠く九州南端の薩摩藩に命じた。

故国を遥かに離れた数百の藩士たちは、美濃から伊勢・尾張へまたがる百九十余箇村に亘って工を起した。総奉行としてこれを率いる者は、美濃国大牧村に本陣を構えた薩摩藩の家老平田正輔《ただすけ》である。時《とき》しも宝暦四年二月、春とはいえど風寒く、荒野を掩《おお》うて冬枯の草がなびき伏していた。

普請《ふしん》手伝役は、幕府方の指図に従って、工事に当り、しかも費用は、総べて自分の藩で負担するのが当時の定めであった。薩摩藩は、先代からの多額の負債に苦しんでいた際で、推算も立たない莫大な費用を作るのは、一藩の隆替《りゅうたい》にもかかわるほどの難事である。多年財政の局に当っていた老臣正輔の苦衷《くちゅう》は、ここにあった。

しかし、藩外とはいえ、地は皇土であり、民はまさしく皇国の民である。身を挺して濃尾幾十万の民を救い、国富を増すことは、即ち国に報いる道にほかならない。忠孝仁義は、厳として父祖の伝える藩風である。一藩総力を挙げて皇土の難に赴くべしとは、正輔始め、心ある人々の唱えるところであった。

幕府は一刻の猶予もゆるさない。正輔は、京阪の地を奔走して、ようやく工費の一部を調達し、とりあえずそれを携えて現地に赴いた。一方藩内でも、藩費は極度に節減され、領民は借上金・献納金の募集に応じ、増税に堪えて、工費の調達に努めなければならなかった。

藩士たちは、雄大な設計のもとに、或いは堤《つつみ》を築き、堰《せき》を設け、或いは掘割りを開き、川底をさらえた。木曾・長良の合流した水が、低い揖斐川地帯に流れ込むのを防ぐ油島《あぶらじま》の川分け堤は、矢のような水勢の間に、北から五百五十間、南から二百間の長堤を突き出して、水流を締め切る難工事であった。又、長良・揖斐両川を結ぶ大榑《おおくれ》川の分水点に設ける洗堰《あらいぜき》は、堅固な堰堤《えんてい》を築いて、長良川の水が、揖斐川めがけて流れくだるのを堰き止め、四尺以上の増水となれば、ここを乗り越えさせて水勢を調節する巧妙な設計であった。

藩士たちは、それぞれ持場を分担し、人夫を督励して、作業に当った。人夫とともに土にまみれ、水にひたることも、稀ではなかった。しかも、工事に要する石材は、遠くは十数里の木曾川上流から、木材は、二三十里も離れた山中から、舟に積み筏に組んで、運び出さなければならなかった。不慣れな手には、作業もはかどらず、又、思わぬ手違いも起り、その上、意地の悪い幕府役人は、設計上の僅かの相違にも改築を命じ、少しの作業の延滞をも責めたてずにはおかなかった。監督を受ける身には、骨を砕く烈しい労苦も、腹の底をえぐる冷やかな言葉をも、みな唇を嚙んで忍ばなければならなかった。

やがて雪どけから梅雨へかけて、幾たびかの出水《でみず》が襲い来たった。心ない濁流が、渦を巻いていどみかかり、心血を注いだ堤を崩し、掘割りを埋め、新しい資材さえ流失する。苦難は、それのみではない。着工以来三月にして、藩士三名が工事不行届の責を負い、腹かき切って果てたのを始めとして、或いは工事失策の罪をわび、或いは工費超過の責を引いて、自刃《じじん》する者が相続いた。工事の辛酸が加るにつれて、悲報は重なり、遂にそれらが四十名をも数えるに至った。更に疫病が、炎天にさらされる藩士たちを襲って、次々に三十余名の命を奪った。

血のにじむような苦心のもとに、調達される工費は、濁流とともに流れ去って、この後も尽きるところを知らない。しかも、平野のそこここに、新しい墓標を増し行くのは、総奉行として堪えられないことであった。正輔は、折を見ては、伊勢の普請所に程近い多度《たど》神社に詣でた。着工のみぎり、大業成就の祈願は、既にこの社頭にこめられていた。普請所の騒しさも聞えず、樹間をもれるなごやかな日ざしの森の中は、正輔の心を静める聖域であった。ここに額《ぬか》づけば、大任を帯びて故国を立つ日、一命にかけて果そうと誓った決意が、胸の底に湧きかえって来る。

「今、どれほどの人を要し、工費を要するとしても、天下の大業の前には、一藩の私情を棄てることこそ、大義に生きる道である。もとより、総べての責任は、総奉行の一身に背負わなければならない」と決意を新たにするのであった。

かれは、幾たびか国元へ人数の増派を請《こ》い、又、工費の追加を願い出た。

秋風がうら寒く身にしみ、ようやく水勢の衰える頃から、工事はいよいよ激しさを加えて行った。月の冴《さ》え、虫の鳴く夜も、正輔にとっては眠られぬ苦しい時であった。薩摩藩の苦境をしのび、率いる藩士たちの身の上を思えば、巌のような重みが、心にのしかかって来た。しかし、「万端出精して、首尾よく成就するよう努めよ」という藩公の言葉は、今なお耳に残っている。「ここでくじけては、主君を辱《はずか》しめ、累を一藩に及《およぼ》す。既に一命を重責に捧げた者に、今更何の迷いがあろう」

月影を浴びて端坐したかれの面《おもて》は、厳かに輝きわたった。

工事は、夜を日についで、着々と進められた。幾たびか堤が崩され、川底が埋められても、薩摩武士の不屈な魂は、油を注がれた火のように、強く燃えあがった。自刃する者は、更に十数名を加えたが、残る者は、なおもひるまなかった。やがて再び春を迎えた宝暦五年三月、油島川分け堤・大榑川洗堰の竣功《しゅんこう》を最後として、さしもの大工事も全く成った。江戸から来た検分役も、この短日月《たんじつげつ》に出来上った工事の壮大堅固なありさまに、ただ驚きの目を見張って、「御

普請結構にござる」と嘆賞せざるを得なかった。
総べてを果した夜、帰郷の旅支度を整える藩士たちの晴れやかな声を耳にしながら、正輔は、国元へ事の次第をこまごまと書き綴った。そうして、「御普請所、首尾よく御成就にて、出来栄え御検分までも御滞りなく相すみ、御手伝方御引取仰せ渡され、先ず以って頂上の儀に存じ奉り候」と書き結んで、静かに筆をさしおいた。
思えば、起工以来一年有余、出役人数は一千に近く、工費は予算より遥かに越えて四十万両に達し、巨額の藩債を残した。しかも八十余名の藩士さえ失っている。総奉行として行くべき道は、かねて心の奥深く決するところであった。夜はほのぼのと明け初めて、暁の光が音もなく流れた。身を清め、姿を正した正輔は、まごころこめて遥か藩公のいます西方に伏して、不敏《ふびん》の罪をわび、「住みわびし里も今更名残《なご》りにて立ちぞわづらう美濃の大牧」という辞世の和歌を遺して、従容《しょうよう》として刃《やいば》に伏した。宝暦五年五月二十五日の朝まだきであった。

油島川分け堤の千本松は、今なお常盤の緑をたたえ、見渡す限りの美田は、年ごとに黄金の波を打って、贈従《ぞうじゅ》五位平田正輔の勲を不朽に伝えている。

箴言

一、宜しく身を困窮に投じて、実才を死生の際に磨くべし。（勝海舟「海舟全集」）

二、此所《ここ》わが絶命の地にて、只今国恩を報ずるの時節到来せり。（平山兵原《ひらやまへいげん》「剣徴《けんちょう》」）

三、不惜身命《ふじゃくしんみょう》なり、但惜《たんじゃく》身命なり。（道元「正法眼蔵《しょうぼうげんぞう》」）

四、死生は昼夜の道なり。何をか好み、何をか悪《にく》まん。（熊沢蕃山《ばんざん》「集義和書」）

五、常に大御心を奉じ、正にして武、武にして仁、克く世界の大和《だいわ》を現ずるもの、是《これ》神武の精神なり。武は厳なるべし、仁は遍《あまね》きを要す。（「戦陣訓」）

九　遵法の精神

国憲・国法は肇国の精神に基づき、皇祖皇宗の御遺訓に則とって定められたものであり、これを遵守することによって、社会の秩序と国家の統一とが保たれ、皇国隆昌の礎《いしずえ》が固められる。それ故、私どもが常に国憲を重んじ、国法に遵《したが》うのは、肇国の精神を顕揚し、大御心を奉体するゆえんであり、皇運を扶翼し奉る臣民奉公の道である。

国憲は、国家統治の根本の法であって、皇室典範及び大日本帝国憲法が、即ちそれである。いずれも、明治天皇が、皇祖皇宗の御遺訓を明らかにし給わんとして、欽定《きんてい》あらせられた不磨の大典である。又、国法というのは、いろいろの法律・命令であって、いずれも憲法に基づいて定められている。随って、これらをよく守ってこそ、国家の秩序は保たれ、国民の福利は増進される。

明治天皇は、

さだめたる国のおきてはいにしへの聖《ひじり》の君《きみ》のみこえなりけり

と仰せられて、国憲・国法の尊いことをお諭しあらせられた。私どもは、法が、皇国無窮の隆昌を図らせ給う大御心の具現であることをわきまえ、一日といえども、法に反するような行ないをしてはならない。

しかも、このような遵法の精神は、先ず家庭の生活に於いて、家訓や父母の教えを守り、又、学校に於いて、校則・校規・生徒心得を大切にするところから養われる。殊に学校は、私ども学徒が団体の生活を営む修練の場所である。ここで、私どもは唯、師に導かれ、教えられるというだけでなく、自ら進んで、こうした団体生活に於ける自己の務めを自覚し、責任を果さなければならない。特に私どもは最高の学年に身を置く者として、少年団の活動などに於いても、その指導に当り、模範たるべき者である。努めて品行を正しくし、思想を高潔にし、意志を鞏《きょう》固《こ》にし、よからぬ人があれば、忠告をして校規の振粛《しんしゅく》を図り、学校全体の空気を奮い起たせるよう心がけなければならない。

又、どんなささやかなことでも、規則として定まったものに違背《いはい》するのは、よくないことである。例えば、集会に遅刻するというようなことは、他人にも迷惑をかけて、団体生活の秩序を乱すことになるばかりでなく、自然に規律を破る習性を作るようになる。乃木将軍は、軍服を注文する時、常に規定通りに作らせて、少しの違背も許されなかった。形が規定に反することよりは、規定を蔑《ないがしろ》にする精神を戒められたのである。外の形の崩れは、やがて心の崩れとなり、遂には、一切の規律をも無視するようになる。

規律を守るのは、制裁や叱責を恐れるからではない。尊い国民生活の真義に徹し、率先して正しい行為に生きようとする責任感から、進んで規則を守り、美風を振起することが、ほんとうに国を思う者の務めである。国民生活という全体のために、自分は常に大きな責任をもっている。自分一個の行為の如何《いかん》が、直ちに全体の生活に影響を及すことを思えば、みだりに放肆《ほうし》なふるまいをすることはできない。又、このようなことでは、臣道《しんどう》実践ということは、全く不可能である。由来、日本人は道義に強い国民であるが、情にもろく、ややもすると情に流され易い。仁俠の風は、日本人の美点ではあるが、しかし、人の不正を許し、これを助けることを俠気《きょうき》とするのは、誤った考えである。友の不正を知って許すのは、又、自分も不正を犯すことにほかならない。徒《いたず》らに人の非を咎《とが》めるのは、恥ずべきことであるが、友の将来を憂え、公の生活のためを思って、これを諫《いさ》めるのが、ほんとうの友情である。ただ、相手の非を指摘して快《こころよ》しとする私心があっては、却って反抗心を起させるに過ぎない。又、自分だけが正しいとするひとりよがりは、謙譲の精神に反する。私どもの言行は、常に公のため、全体のためを思って、君国に報ずる心に発しなければならない。

国憲・国法を守るのは、心から皇国民たるの誇りと責務とを自覚して、これに遵うことである。今、戦争遂行のため、わが国では、種々の法令の改正が行なわれ、又、新しい法令が、次々に公布されている。これらに対して、私どもは、よく改正・公布の精神の存するところをわきまえ、少しでもこれに触れることのないよう心がけることが大切である。たとえ、法に触れないにしても、互に戒め合って、自己の利害を念頭におかず、率先躬行しなければ、ほんとうに遵法の精神を発揮するものということはできない。私どもは、国家の一員たることを深く自覚し、皇国民としての責務を思い、皇運扶翼の精神に徹して、国民生活を全うしなければならない。

箴言

一、詔《みことのり》を承《うけたまわ》りては必ず謹め。君をば則《すなわ》ち天《あめ》とす。臣《やっこ》をば則ち地《つち》とす。天覆い地載せて、四時《よつのとき》順行し、万気《よろずのしるし》通うことを得。地、天を覆わんと欲するときは、則ち壊《やぶ》るることを致さんのみ。是《ここ》を以って、君言《のたま》うときは臣承り、上行なうときは下靡《なび》く。故《かれ》詔を承りては必ず慎め。謹まずば自らに敗れん。（「十七条憲法」）

二、公共心は不動心たるを観ずべし。清沢満之《きよざわまんし》「有限無限録」）

三、我が気に入らぬ事が、我が為になるものなり。（鍋島直茂「葉隠」）

四、一大事とは今日唯今の事なり。（杉本五郎「大義」）

十　大東亜建設と総力戦

大東亜戦争が始ってから、国民一般の努力と困苦に対する忍耐とは、実に容易ならないものがある。しかも、戦はいよいよ酣《たけなわ》となった。この戦争は初めは支那事変であったが、それが、経済力に於いて世界第一を誇り、又、軍備に於いても仲々強力である米英を敵とする国運隆昌の分れる戦争となったのである。

第一線に立つ皇軍将兵の忠魂義胆に就いては、今更言うまでもない。皇軍は、精神に於いても、訓練に於いても、まさに世界第一である。けれども、現代の戦争は、国家総力戦と呼ばれる。総力戦は、第一線将兵の勇戦奮闘だけでは成就しない。今日のような大規模な戦争では、私どももまた第一線将兵と心を合わせて、できる限りの御奉公をしなければならない。私ども高等科の生徒も、今ではりっぱにお役に立つのである。工場に通うのも、農家の手伝いをするのも、家庭で勤労することも、みんな私どもの力でできる御奉公である。今日では、働けるほどの人は、誰一人として銃後の戦《いくさ》を戦わない者はなく、一億国民が総べて戦士である、ということができる。これが総力戦である。

戦争であるから、武力戦が第一の要素たることはもとより明白であるが、現代国家間の戦争は、武力行使の後楯として、政治・経済・思想・科学・教育などの全範囲に亘った綜合戦力が、十分に発揮されなければならない。それによって、銃後は戦線と緊密につながり、又、戦線は銃後と不離の関係になっている。それ故、戦に勝ち抜くためには、私どもの日常生活をも、戦争目的の完遂に向かって立て直しをし、最高度の能力を発揮しなければならないのである。

日本は、陸海軍の武力に於いて、世界に並ぶものがない。随って、戦の勝敗を決定する鍵は、むしろ銃後に於ける国民の総力発揮の如何《いかん》にかかっている。私どもは、これまで幾度か、経済の問題に就いて、財政の問題に就いて、或いは防空に就いて、その他いろいろと国家総力戦に関する話を聞いて来た。しかし、まさに学窓を離れて、世に立とうとする今、私どもはここで、それらを組織的に、はっきりと考えておく必要がある。

武力戦完遂の大事な要素としては、大体三通りのものを指摘することができる。第一は、軍隊の精神である。命を的にかけて働く勇猛心、大君の御ために身命を捧げて戦うという根本の精神、これが何よりも大切である。わが日本には、軍人勅諭を畏み仰ぎ、その奉体にこれ努める敢闘必勝の皇軍があるのである。「戦陣訓」に、

「勇往邁進百事懼《おそ》れず、沈着大胆難局に処し、堅忍不抜困苦に克《か》ち、有《あら》ゆる障碍《しょうがい》を突破して、一意勝利の獲得に邁進すべし」

とある。わが将兵は、実によくこれを実践しているものである。

武力戦完遂のために大事なのは、第二に又、人である。人に就いては、更に数が多数に必要

であると同時に、その質、つまり訓練された精兵《せいへい》たることが大切である。戦に就いて、あらゆることをよく学び、よく慣れて、戦技に錬磨されていなければならない。第三は、物質戦力の充実である。兵器・弾薬その他総べて軍隊に必要なものに就いて、非常に優秀なものが充実していることを必須とする。これら三つの要素が揃って、始めて、無敵の軍隊であるということができ、完成した武力が、そこに生まれて来る。

しかも総力戦下、国民の特に留意しなければならないのは、第三の要素、即ち物質戦力の充実という点に就いてである。戦争の規模は飛躍的に大きくなって、深刻苛烈な戦闘が次々に行なわれている。何百億円という莫大な経費、想像もし難いほどの兵器・弾薬の消耗、これらを後から後から補充しなければならない。大切な飛行機の如きは、たとえ撃ち落されなくても、使用している間に、命数《めいすう》が尽きるのである。軍艦も造らなければならない。戦車も造らなければならない。しかも、敵は物量を誇っている米英である。世界の富を独占して、勝手気ままにして来た米英である。しかし私ども一億国民が、文字通りに総力を結集して体当りさえすれば、その物量を圧倒して、必ず勝つことができる。

兵器・弾薬等、戦争に必須な物資の補給力は、即ち一国の生産力であり、輸送力である。現代戦が、一面に於いて経済戦であるといわれるゆえんも、ここに在る。もしも銃後に於いて経済力に故障が起きると、忽ち戦争にその影響が及《およぼ》される。このために、戦場に対する物的補充に遺憾なからしめるよう、経済統制も必要となる。戦時に於いては、軍需生産以外の生産を、できるだけ少くして、その力を専《もっぱ》ら戦争に必須な物資の増産に充てることが大切である。随って、ここに生産増強と、又、平時的なものの生産転換が、欠くべからざることとなるわけである。

総力戦は、更に思想戦でもあれば、又、科学戦でもある。私どもは、よろしく国体の本義に透徹して、悪しき思想の撲滅を期し、思想全体の基礎を鞏固たるものにし、防諜にも十分意を用いなければならない。敵は、あらゆる手段方法を尽くして、向かって来るに違いない。敵の最も怖れているのは、日本国民の固い団結である。祖先の遺風を顕彰し、国体の精華を明らかならしめて、いかなる流言蜚語《ひご》にも迷わされることがあってはならない。又、科学は、ひとり軍事に直接関係している部門に就いてのみでなく、地理・気象・暦法・天文などに及ぶ極めて広い範囲のものまで、その進歩向上を図ることが大切である。このようにして、国民が総力を結集して敵に臨み、文字通りに国民皆兵の実を挙げるということが、最後の勝利を決定的ならしめる根本である。

今や皇国は、大東亜建設の大業を成就しようとしている。肇国の精神に基づいて、八紘為宇の世界を招来することは、ひとり皇国を隆昌ならしめるのみでなく、そのことが同時に、大東亜十億の民を米英の桎梏《しっこく》から解放し、道義を遂行することとなる。この曠古《こうこ》の大業を、私どもは、私どもの生まれ合わせた時代に於いて、成就することができるのである。皇国臣民としての本懐、これに過ぎるものはない。祖先以来幾千年、聖旨を奉体し、身命を擲《なげう》って、私どもの祖先が築き上げて来たこの日本。この日本を私どもは受け継ぐとともに、更に尊い使命を貫ぬくため、勝利の日までは、どのような苦しみをも堪え忍ばなければならない。忍苦の生活を続け、しかもよく平常心の中に明かるさを保つところ、私どもは、必ず国家総力戦を勝ち抜くことができるのである。

箴言

一、いかに強敵かさなるとも、ゆめゆめ退する心なかれ、恐るる心なかれ（日蓮「如説修行《にょせつしゅぎょう》抄《しょう》」）

二、天下の大業《たいぎょう》、万世の長策は、固《もと》より朝夕の就《な》すべきに非ず。（会沢正志斎「新論」）

三、我一歩を退《の》くれば彼一歩を進め、我一日優遊すれば彼一日精熟す。（真木和泉《まきいずみ》「魁殿物語《さきがけどのものがたり》」）

四、大変に遭うては、歓喜踊躍《ようやく》して勇み進むべきなり。（村岡宣長「葉隠」）

詔勅

軍人勅諭

我国の軍隊は世々《よよ》天皇の統率し給《たま》う所にぞある。昔、神武天皇躬《み》ずから大伴、物部の兵《つわもの》どもを率い、中国《なかつくに》のまつろわぬものどもを討ち平げ給い、高御座《たかみくら》に即かせられて、天下《あめのした》しろしめし給いしより、二千五百有余年を経ぬ。此間《このあいだ》世の様《さま》の移り換るに随《したが》いて、兵制の沿革も亦《また》屢《しばしば》なりき。古《いにしえ》は天皇躬《み》ずから軍隊を率い給う御制《おんおきて》にて、時《とき》ありては皇后、皇太子の代らせ給うこともありつれど、大凡《おおよそ》兵権を臣下《しんか》に委《ゆだ》ね給うことはなかりき。中世《なかつよ》に至りて、文武《ぶんぶ》の制度皆《みな》唐国風《からくにぶり》に倣《なら》わせ給い、六衛府《ろくえふ》を置き、左右馬寮《さうめりょう》を建て、防人《さきもり》など設けられしかば、兵制は整いたれども、打続《うちつづ》ける昇平《しょうへい》に狃《な》れて、朝廷の政務も漸《ようやく》文弱《ぶんじゃく》に流れければ、兵農おのずから二《ふたつ》に分れ、古《いにしえ》の徴兵《ちょうへい》はいつとなく壮兵《そうへい》の姿に変り、遂に武士となり、兵馬《へいば》の権《けん》は一向《ひたすら》に其《その》武士どもの棟梁たる者に帰し、世の乱《みだれ》と共に政治の大権も亦其手に落ち、凡《およそ》七百年の間、武家の政治とはなりぬ。世の様《さま》の移り換りて斯《かく》なれるは、人力《ひとのちから》もて挽回《ひきかえ》すべきにあらずとはいいながら、且《かつ》は我国体に戻り、且は我祖宗《わがそそう》の御制《おんおきて》に背《そむ》き奉《たてまつ》り、浅間《あさま》しき次第なりき。

降《くだ》りて弘化《こうか》、嘉永《かえい》の頃より、徳川の幕府其政《まつりごと》衰え、剰《あまつさえ》外国の事《こと》ども起りて其侮《あなどり》をも受けぬべき勢《いきおい》に迫りければ、朕《ちん》が皇祖《おおじのみこと》仁孝《にんこう》天皇、皇考《ちちのみこと》孝明《こうめい》天皇いたく宸襟《しんきん》を悩し給いしこそ、忝《かたじけな》くも又惶《かしこ》けれ。然《しか》るに朕幼《いとけな》くして天津日嗣《あまつひつぎ》を受けし初《はじめ》、征夷大将軍其政権を返上し、大名《だいみょう》、小名《しょうみょう》其版籍を奉還し、年《とし》を経ずして海内一統《かいだいいっとう》の世となり、古《いにしえ》の制度に復《ふく》しぬ。是、文武の忠臣良弼《りょうひつ》ありて、朕を輔翼《ほよく》せる功績《いさお》なり。歴世《れきせい》祖宗の専蒼生《もはらそうせい》を憐《あわれ》み給いし御遺沢《ごいたく》なりといえども、併《しかしながら》我《わが》臣民の其心に順逆の理《ことわり》を弁《わきま》え、大義の重きを知れるが故《ゆえ》にこそあれ。されば此時《このとき》に於《おい》て兵制を更《あらた》め、我国の光《ひかり》を耀《かがやか》さんと思い、此《この》十五年が程《ほど》に陸海軍の制をば今の様《さま》に建定《たてさだ》めぬ。夫《それ》、兵馬の大権は朕が統《す》ぶる所なれば、其司々《つかさづかさ》をこそ臣下《しんか》には任すなれ。其大綱は朕 親《みずから》之《これ》を攬《と》り、肯《あえ》て臣下に委《ゆだ》ぬべきものにあらず。子々孫々に至るまで篤《あつ》く斯旨《このむね》を伝え、天子は文武の大権を掌握するの義を存《ぞん》して、再中世《ふたたびちゅうせい》以降の如《ごと》き失体《しったい》なからんことを望むなり。

朕は汝等《なんじら》軍人の大元帥なるぞ。されば朕は汝等を股肱《ここう》と頼み、汝等は朕を頭首《とうしゅ》と仰《あお》ぎてぞ、其親《したしみ》は特《こと》に深《ふか》かるべき。朕が国家を保護《ほうご》して上天《しょうてん》の恵《めぐみ》に応じ、祖宗の恩に報いまいらする事を得《う》るも得《え》ざるも、汝等軍人が其職を尽すと尽さざるとに由《よ》るぞかし。我国の稜威《みいづ》振わざることあらば、汝等能《よ》く朕と其憂《うれい》を共にせよ。我武維揚《わがぶこれあが》りて其栄《えい》を耀《かがやか》さば、朕汝等と其誉《ほまれ》を偕《とも》にすべし。汝等皆其職を守り、朕と一心《ひとつこころ》になりて力を国家の保護《ほうご》に尽さば、我国の蒼生《そうせい》は永《なが》く太平の福《さいわい》を受け、我国の威烈《いれつ》は大《おお》いに世界の光華《こうか》ともなりぬべし。朕斯も深く汝等軍人に望むなれば、猶訓諭《なおおしえさと》すべき事こそあれ。いでや之を左《さ》に述べん。

一　軍人は忠節を尽すを本分とすべし。凡《およそ》、生《せい》を我国に稟《う》くるもの、誰《たれ》かは国に報《むく》ゆるの心なかるべき。況《ま》して軍人たらん者は、此心《このこころ》の固《かた》からでは、物の用に立ち得べしとも思われず。軍人にして報国の心堅固《けんご》ならざるは、如何程《いかほど》技芸に熟《じゅく》し、学術に長《ちょう》ずるも、猶偶人《なおぐうじん》にひとしかるべし。其隊伍《たいご》も整い、節制も正《ただし》くとも、忠節を存《ぞん》せざる軍隊は、事に臨《のぞ》みて烏合《うごう》の衆に同《おなじ》かるべし。抑《そもそも》国家を保護《ほうご》し、国権を維持するは兵力に在《あ》れば、兵力の消長は是《これ》国運の盛衰なることを弁《わきま》え、世論《せいろん》に惑《まど》わず、政治に拘《かかわ》らず、只々一途《ただただいちず》に己《おのれ》が本分の忠節を守り、義は山岳《さんがく》よりも重く、死は鴻毛《こうもう》よりも軽《かろ》しと覚悟せよ。其操《みさお》を破りて不覚を取り、汚名を受くるなかれ。

一　軍人は礼儀を正くすべし。凡《およそ》、軍人には、上元帥《かみげんすい》より下一卒《しもいっそつ》に至るまで、其間に官職の階級ありて統属するのみならず、同列同級とても停年《ていねん》に新旧あれば、新任の者は旧任のものに服従すべきものぞ。下級のものは上官の命《めい》を承《うけたまわ》ること実は直《ただち》に朕が命を承る義なりと心得よ。己《おのれ》が隷属する所にあらずとも、上級の者は勿論、停年の己《おのれ》より旧《ふる》きものに対しては、総《す》べて敬礼を尽すべし。又上級の者は下級のものに向い、聊《いささか》も軽侮驕傲《けいぶきょうごう》の振舞あるべからず。公務の為に威厳を主とする時は格別なれども、其外《そのほか》は務めて懇《ねんごろ》に取扱い、慈愛を専一《せんいち》と心掛け、上下《しょうか》一致して王事《おうじ》に勤労せよ。若《もし》軍人たるものにして、礼儀を紊《みだ》り、上《かみ》を敬わず、下《しも》を恵《めぐ》まずして、一致の和諧《かかい》を失いたらんには、啻《ただ》に軍隊の蠹毒《とどく》たるのみかは、国家の為にもゆるし難《がた》き罪人なるべし。

一　軍人は武勇を尚《たっと》ぶべし。夫《それ》、武勇は我国にては、古《いにしえ》よりいとも貴《とうと》べる所なれば、我国の臣民たらんもの武勇なくては叶《かな》うまじ。況《ま》して軍人は戦《たたかい》に臨み、敵に当るの職なれば、片時も武勇を忘れてよかるべきか。さはあれ、武勇には大勇《たいゆう》あり小勇《しょうゆう》ありて同《おなじ》からず、血気にはやり粗暴の振舞などせんは武勇とは謂《い》い難し。軍人たらんものは、常《つね》に能《よ》く義理を弁《わきま》え、能く胆力を練り、思慮を殫《つく》して事を謀るべし。小敵たりとも侮《あなど》らず、大敵たりとも懼《おそ》れず、己《おのれ》が武職を尽さんこそ、誠《まこと》の大勇にはあれ。されば武勇を尚ぶものは、常々人に接《まじわ》るには温和《おんか》を第一とし、諸人《しょにん》の愛敬《あいけい》を得んと心掛けよ。由《よし》なき勇を好みて猛威を振いたらば、果《はて》は世人《よのひと》も忌嫌《いみきら》いて豺狼《さいろう》などの如く思いなん。心すべきことにこそ。

一　軍人は信義を重んずべし。凡《およそ》、信義を守ること常の道にはあれど、わきて軍人は信義なくては一日《いちじつ》も隊伍の中《うち》に交《まじ》りてあらんこと難《かた》かるべし。信とは己《おのれ》が言《こと》を践《ふみ》行い、義とは己が分《ぶん》を尽すをいうなり。されば信義を尽さんと思わば、始《はじめ》より其事の成し得《う》べきか、得《う》べからざるかを審《つまびらか》に思考すべし。朧気《おぼろげ》なる事を仮初《かりそめ》に諾《うべな》いて、よしなき関係を結び、後《のち》に至りて信義を立てんとすれば、進退谷《きわま》りて身の措《お》き所に苦むことあり。悔《く》ゆとも其詮《そのせん》なし。始《はじめ》に能々《よくよく》事の順逆を弁《わきま》え、理非《りひ》を考え、其言《そのこと》は所詮《しょせん》践《ふ》むべからずと知り、其義はとても守るべからずと悟りなば、速《すみやか》に止《とどま》るこそよけれ。古《いにしえ》より、或《ある》は小節の信義を立てんとて大綱《たいこう》の順逆を誤り、或は公道の理非に踏迷《ふみまよ》いて、私情の信義を守り、あたら英雄豪傑どもが、禍《わざわい》に遭い、身を滅《ほろぼ》し、屍《かばね》の上の汚名を後世《のちのよ》まで遺《のこ》せること其例尠《そのためしすくな》からぬものを、深く警《いまし》めてやはあるべき。

一　軍人は質素を旨とすべし。凡《およそ》、質素を旨とせざれば、文弱《ぶんじゃく》に流れ、軽薄に趨《はし》り、驕奢華靡《きょうしゃかび》の風《ふう》を好み、遂には貧汚《たんお》に陥《おちい》りて、志《こころざし》も無下《むげ》に賤《いやし》くなり、節操も武勇も其甲斐なく、世人《よのひと》に爪《つま》はじきせらるる迄に至りぬべし。其身生涯の不幸なりというも中々愚《なかなかおろか》なり。此風《このふう》一《ひと》たび軍人の間に起りては、彼《か》の伝染病の如く蔓延し、士風《しふう》も兵気《へいき》も頓《とみ》に衰えぬべきこと明《あきらか》なり。朕深く之を懼《おそ》れて、曩《さき》に免黜条例《めんちゅつじょうれい》を施行《しこう》し、略此事《ほぼこのこと》を誡《いまし》め置きつれど、猶《なお》も其悪習の出《いで》んことを憂いて心安からねば、故《ことさら》に又之を訓《おし》うるぞかし。汝等軍人、ゆめ此訓誡《このおしえ》を等閑《なおざり》にな思いそ。

右の五ケ条は軍人たらんもの暫《しばし》も忽《ゆるがせ》にすべからず。さて之を行わんには、一《ひとつ》の誠心《まごころ》こそ大切なれ。抑此《そもそもこの》五ケ条は、我軍人の精神にして一の誠心は又五ケ条の精神なり。心誠《こころまこと》ならざれば、如何なる嘉言《かげん》も善行も皆うわべの装飾《かざり》にて、何《なに》の用にかは立つべき。心《こころ》だに誠《まこと》あれば、何事も成るものぞかし。況《ま》してや此五ケ条は、天地《てんち》の公道《こうどう》、人倫《じんりん》の常経《じょうけい》なり。行い易く守り易し。汝等軍人、能《よ》く朕が訓《おしえ》に遵《したが》いて此道《このみち》を守り行い、国に報《むく》ゆるの務《つとめ》を尽さば、日本国の蒼生《そうせい》、挙《こぞ》りて之《これ》を悦《よろこ》びなん。朕一人《いちにん》の懌《よろこび》のみならんや。

明治十五年一月四日
御名《ぎょめい》

【口語訳】

我が国の軍隊はいつの世も、天皇が統率している。昔、神武天皇自ら大伴や物部の兵を引き連れて、国中の皇威に服せぬ者どもを征伐し、皇位に就いて天下を治められてから、二千五百年余りが過ぎた。この間、世の有様が移り換わるに従い、兵制の改革もたびたび行われた。古くは天皇自ら軍を率いる制度で、時には皇后や皇太子が代ることもあったが、およそ兵権を臣下に委ねたことはなかった。中世になり、政治・軍事の制度をみな唐にならい、六衛府を置いて、左右の馬寮を建て、防人などを設け、兵制は整った。しかし長く続く平和に慣れて、朝廷の政務もしだいに文弱に流れたため、兵と農はおのずから二つに分かれ、昔の徴兵はいつの間にか志願の兵に変わり、ついには武士となった。軍事の権限は武士の頭領のものとなり、世が乱れるとともに政治の大権もまたその手に落ち、およそ七百年の間武家の政治が続いた。世の中の有様が移り換わってこうなったのは、人の力では挽回できぬことであったとはいえ、それは一方では我が国体に反し、一方では我が祖先の制度に背く、嘆かわしい事態であった。

時が下って、弘化・嘉永の頃から徳川幕府の政治が衰退し、おまけに外国との間に諸問題が起こって外国の侮りを受けそうな情勢が迫ったので、我が祖父仁孝天皇、父孝明天皇をいたく悩ませられたことは、かたじけなくも又おそれ多いことであった。ところが私が幼くして皇位を継承した当初、征夷大将軍が政権を返上し、大名・小名は領地領民を奉還した。幾年も経たぬうちに国内が統一され、古代の制度が復活した。これは忠良な文臣・武臣が私を補佐した功績であり、民を思う歴代天皇の遺徳であるが、あわせて我が臣民が心に正逆の道理をわきまえ、大義の重さを知っていたからこそである。そこでこの時機に兵制を改めて、我が国の威光を輝かそうと考え、この十五年の間に、陸海軍の制度を今のように定めたのである。そもそも軍の大権は天皇が統帥するものであり、その運用は臣下に任せても、大綱は私がみずから掌握し、臣下に委ねるものではない。我々の子孫の末に至るまでこの旨をしっかりと伝え、天皇が政治・軍事の大権を掌握する意義を存続させ、再び中世以降のような間違ったことのないよう望む。

私は君たち軍人の大元帥である。だから私は諸君を手足と頼み、諸君は私を頭首と仰いで、その関係は特に深くなくてはならぬ。私が国家を保護し、天の恵みに応じ、祖先の恩に報いることができるかできないかは、君たち軍人が職分を尽くすか否かによる。国の威信にかげりがあれば、諸君は私と憂いを共にせよ。我が武威が発揚し、その誉れを輝かしたならば、私は諸君とともにその名誉を受けよう。諸君がみな職分を守り、私と心を一つにし、国家の防衛に力を尽くすなら、我が国の民は永く太平を享受し、我が国の威信は大いに世界に輝くであろう。私の君たち軍人への期待は、このように大きい。よってここに訓戒すべきことがある。それを左に述べる。

一　軍人は忠節を尽くすを本分とすべし。およそ我が国に生れた者なら、誰であろうと国に報いる心がなければならない。まして軍人ともあろう者は、この心が固くなければ、物の役に立つとは思われない。報国の心が堅固でない軍人は、どれほど技量に練達し、また学術に優れていても、木偶《でく》人形にひとしいのだ。隊伍整い規律正しくとも、忠節を知らない軍隊は、有事に臨めば烏合の衆と同じである。国家を防衛し、国権を維持するのは兵の力によるのだから、兵力の強弱は国運の盛衰そのものであることをわきまえよ。世論に惑わされず、政治に関わらず、ただ一途に軍人の本分たる忠節を守り、義は山より重く、死は羽毛より軽いと覚悟せよ。その志操を破り、不覚をとって汚名を受けるようなことがあってはならない。

一　軍人は礼儀を正しくすべし。およそ軍人は、上は元帥から下は一兵卒に至るまで階級があって、統制に属すだけでなく、同じ階級でも年次に新旧があり、年次の新しい者は、古い者に従うべきものだ。下級の者が上官の命令を受ける時には、私から直接命令を受けるのと同じと心得よ。自己の所属するところでなくとも、上官はもちろん年次が自己より古い者に対しては、すべて敬い礼を尽くせ。また上級の者は下級の者を軽侮したり、傲慢な振る舞いをしてはならない。公務のため威厳が必要な時は別としても、そのほかは努めて親密に接し、慈愛をもっぱらに心がけ、上下が一致して公務に勤めよ。もし軍人でありながら礼儀を守らず、上を敬わず下をいたわらず、一致団結ができないならば、ただ軍隊の害毒であるばかりでなく、国家のためにも許しがたい罪人である。

一　軍人は武勇を尊ぶべし。武勇は我が国において昔から尊ばれてきたものであるから、我が国の臣民たるものは、武勇なくしてははじまらぬ。まして軍人は戦闘に臨み、敵に当たる職務であるから、片時も武勇を忘れてはならない。ただ武勇には大勇と小勇があって、同じではない。血気にはやり、粗暴に振る舞うのは武勇とはいえぬ。軍人たるものは常によく義理をわきまえ、胆力を練り、思慮を尽くして物事にあたらなければならない。小敵も侮らず、大敵をも恐れず、武人の職分を尽くすことが、本当の大勇である。武勇を尊ぶ者は、他人に接するにあたり常に温和を第一とし、人々から敬愛されるよう心がけなければならない。わけもなく蛮勇を好み、乱暴に振る舞えば、遂には世人から忌み嫌われ、山犬か狼のように思われてしまう。心すべきことである。

一　軍人は信義を重んずべし。およそ信義を守ることは常識であるが、特に軍人は信義がなくては一日でも隊伍の中に加わっていることができないだろう。信とは自分の言葉を守り、義とは自分の義理を果たすことをいう。だから信義を尽くそうと思うならば、はじめにその事が可能かどうか、しっかりと考えるべきである。やれるかどうかわからないことを気軽に承知して、つまらぬ係わりあいを持ち、後になって信義を立てようとしても、進退に困り、身の置きどころに苦しむことがある。後悔しても遅い。はじめによく事の正逆をわきまえ、理非を考えて、この言は実行できぬもの、この義はとても守れぬものと悟ったならば、すみやかに約束を思いとどまるがよい。昔から、あるいは小さな信義を貫こうとして大局の正逆を見誤り、あるいは公の道の理非に踏み迷って私情の信義を守り、英雄豪傑が災難にあって身を滅ぼし、死後の汚名を後々の世まで遺《のこ》した例も少なくない。深く心に戒しめなければならぬ。

一　軍人は質素を旨とすべし。およそ質素を心がけなければ、段々文弱になりどんどん軽薄となって、豪奢華美《ごうしゃかび》を好み、遂には心が貪欲になってしまい、志もひどく賤しくなり、守る操も武勇もその甲斐がなく、人々に忌み嫌われるまでになるのだ。その身の一生の不幸と言うも愚かなことである。この華美の風潮がひとたび軍人の中に発生すれば、伝染病のように蔓延して武人の気風も兵の意気もたちまち衰えることは明らかである。私は深くこのことを危惧し、先年免黜《めんちゅつ》条例を施行してほぼこの点を戒めておいた。しかしなおこの悪習が出ることを憂慮し、安心できないため、ここでまたこの点を指導するのである。君たち軍人は、決してこの訓戒をおろそかにしてはならぬ。

右の五ケ条は軍人たる者が、しばしもおろそかにしてはならない。これを実行するには誠の一心こそが大切である。この五ケ条は我が軍人の精神であり、誠の心一つは、また五ケ条の精神なのだ。心に誠がないならば、どんな立派な言葉も、また善行も、すべて上べの装飾にすぎない。そんなものが何の役に立とうか。誠があれば、何事も成しとげられるものである。ましてこの五ケ条は、天地の大道であり人倫の常識である。行い易く、守り易い。君たち軍人がよく私の教えに従い、この五ケ条の道を守り実行し、国に報いる義務を尽くせば、私ひとりの喜びにとどまらず、日本国民はこぞって喜ぶであろう。

教育に関する勅語

朕惟《おも》うに、我が皇祖皇宗国を肇《はじ》むること宏遠に、徳を樹《た》つること深厚なり。我が臣民克《よ》く忠に克く孝に、億兆心を一《いつ》にして世々《よよ》厥《そ》の美を済《な》せるは、此《こ》れ我が国体の精華にして、教育の淵源亦《また》実に此《ここ》に存《ぞん》す。爾《なんじ》臣民父母に孝に、兄弟《けいてい》に友に、夫婦相和し、朋友相信じ、恭倹己《おの》れを持し、博愛衆に及ぼし、学を修め、業《ぎょう》を習い、以《もっ》て智能を啓発し、徳器を成就し、進《すすん》で公益を広め、世務を開き、常に国憲を重《おもん》じ、国法に遵《したが》い、一旦緩急あれば義勇公《こう》に奉じ、以て天壌無窮《てんじょうむきゅう》の皇運を扶翼《ふよく》すべし。是の如きは独り朕が忠良の臣民たるのみならず、又以て爾祖先の遺風を顕彰するに足らん。斯《こ》の道は実に我が皇祖皇宗の遺訓にして、子孫臣民の倶《とも》に遵守すべき所、之《これ》を古今に通じて謬《あやま》らず、之を中外に施して悖《もと》らず。朕爾臣民と倶に拳々服膺《けんけんふくよう》して、咸其《みなその》徳を一にせんことを庶幾《こいねが》う。

明治二十三年十月三十日

御《ぎょ》名《めい》御《ぎょ》璽《じ》

【口語訳】

天皇である私が思うところを述べてみよう。我が御先祖が日本の国を建てたのは遥か大昔のことである。それ以来、代々の御先祖が国民に深く厚い道徳を示してきた。それに対して我が国民は君に忠孝を尽くし、全ての国民が心を一つにして、そのような美風をつくりあげてきた。これは我が国柄の輝かしい光であると同時に、教育の根本でもある。

国民よ、父母に孝行し、兄弟仲良くし、夫婦は仲睦まじく、友達同士お互いに信じ合い、自分は常に謙虚な心をもち、世の人々に博愛の手を差し伸べ、学問を修め、職を手につけ、それによって知識と才能を養い、人格を磨き、進んで公共のために貢献して世の中に役立ち、常に憲法を尊重して法律を遵守し、国家の一大事には義勇の精神で一身を捧げなさい。それらを実践することで、永遠に続く皇室の盛運をお助けしなさい。

それは、ただ天皇に対して忠義ある善良な国民であることを示すだけでなく、国民の祖先が作り上げてきた伝統的美風を、さらに世に明らかにすることにもなるだろう。

以上述べた教えは、我が御先祖の遺訓であり、子孫国民が共々に守り従わなければならないことである。この教えは昔も今も通じる間違いのないものであり、日本だけでなく外国で実行しても決して道理に反しない。私はこの教えをしっかりと心に刻み守っていくので、皆も一緒に実践することを切望して止まない。

青少年学徒に賜わりたる勅語

（昭和十四年五月二十二日）

国本《こくほん》に培い、国力を養い、以て国家隆昌《りゅうしょう》の気運を永世に維持せんとする任たる極めて重く、道たる甚《はなは》だ遠し。而して、其《そ》の任実に繋《かか》りて汝等《なんじら》青少年学徒の双肩に在り。汝等其れ気節を尚《たっと》び、廉恥《れんち》を重んじ、古今の史実に稽《かんが》え、中外の事勢に鑑《かんが》み、其の思索を精にし、其の識見を長じ、執《と》る所中《ちゅう》を失わず、嚮《むか》う所正《せい》を謬《あやま》らず、各其《おのおの》の本分を恪守《かくしゅ》し、文を修め、武を練り、質実剛健の気風を振励し、以て負荷の大任を全くせんことを期せよ。

【口語訳】

国家の基礎を築き上げ、国力を伸ばし、国がますます栄えてゆく気運を、いつまでも維持しようという務めは極めて重大であり、とても長い歳月のかかる困難なものである。そして、その大任は君たち青少年学徒の双肩にかかっている。君たちは、困難に屈しない、信念を曲げない強い意志を持ち、名誉を重んずることを心がけ、古今の史実、国内国外の情勢を深く洞察し、正しい判断を下す能力を高め、中庸を守ることを忘れず、正しい道を踏み外さず、各自その本分をつつしんで守り、学問、武道を修め、質実剛健の気風を奮い起こし、そうして各自の双肩にかかっている大任を完全に成し遂げる決心をせよ。

米国及英国に対する宣戦の詔書

天佑《てんゆう》を保有し万世一系の皇祚《こうそ》を践《ふ》める大日本帝国天皇は、昭《あきらか》に忠誠勇武なる汝有衆《なんじゆうしゅう》に示す。

朕《ちん》、茲《ここ》に米国及《および》英国に対して戦《たたかい》を宣《せん》す。朕が陸海将兵は全力を奮《ふるっ》て交戦に従事し、朕が百僚《ひゃくりょう》有司《ゆうし》は励精《れいせい》職務を奉行し、朕が衆庶《しゅうしょ》は各々《おのおの》其《そ》の本分を尽し、億兆一心《おくちょういっしん》国家の総力を挙《あ》げて征戦の目的を達成するに遺算《いさん》なからんことを期せよ。

抑々《そもそも》、東亜の安定を確保し以《もっ》て世界の平和に寄与するは、丕顕《ひけん》なる皇祖考《こうそこう》、丕承《ひしょう》なる皇考《こうこう》の作述《さくじゅつ》せる遠猷《えんゆう》にして、朕が拳々《けんけん》措《お》かざる所而《しこう》して、列国との交誼《こうぎ》を篤《あつ》くし万邦共栄の楽《たのしみ》を偕《とも》にするは、之亦《これまた》帝国が常に国交の要義と為す所なり。今や不幸にして米英両国と釁端《きんたん》を開くに至る、洵《まこと》に已《や》むを得ざるものあり。豈《あに》朕が志《こころざし》ならんや。中華民国政府、曩《さき》に帝国の真意を解《かい》せず、濫《みだり》に事を構えて東亜の平和を攪乱し、遂に帝国をして干戈《かんか》を執《と》るに至らしめ、茲《ここ》に四年有余を経たり。幸《さいわい》に、国民政府更新するあり。帝国は、之《これ》と善隣の誼《よしみ》を結び相《あい》提携するに至れるも、重慶に残存する政権は、米英の庇蔭《ひいん》を恃《たの》みて兄弟尚未《けいていなおいま》だ牆《かき》に相鬩《あいせめ》ぐを悛《あらた》めず、米英両国は残存政権を支援して東亜の禍乱《からん》を助長し、平和の美名に匿《かく》れて東洋制覇の非望を逞《たくまし》うせんとす。剰《あまつさ》え与国《よこく》を誘《いざな》い、帝国の周辺に於《おい》て武備を増強して我に挑戦し、更に帝国の平和的通商に有《あ》らゆる妨害を与え、遂に経済断交を敢《あえ》てし、帝国の生存に重大なる脅威を加《くわ》う。朕は政府をして事態を平和の裡《うち》に回復せしめんとし、隠忍久《いんにんひさ》しきに弥《わた》りたるも、彼《かれ》は毫《ごう》も交譲《こうじょう》の精神なく、徒《いたずら》に時局の解決を遷延《せんえん》せしめて、此《こ》の間却《かんかえ》って益々《ますます》経済上軍事上の脅威を増大し、以《もっ》て我《われ》を屈従せしめんとす。斯《かく》の如《ごと》くにして推移せんか、東亜安定に関する帝国積年の努力は悉《ことごと》く水泡に帰し、帝国の存立亦正《またまさ》に危殆《きたい》に瀕《ひん》せり。事既《ことすで》に此《ここ》に至る帝国は、今や自存自衛の為、蹶然起《けつぜんた》って一切の障礙《しょうがい》を破砕《はさい》するの外《ほか》なきなり。

皇祖皇宗の神霊上《かみ》に在《あ》り。朕は汝有衆の忠誠勇武に信倚《しんい》し、祖宗《そそう》の遺業を恢弘《かいこう》し、速《すみやか》に禍根を芟除《さんじょ》して東亜永遠の平和を確立し、以《もっ》て帝国の光栄を保全せんことを期す。

御名《ぎょめい》御璽《ぎょじ》

昭和十六年十二月八日

国務各大臣副署

【口語訳】

天の加護を保有し、万世一系の皇位を継承する大日本帝国天皇は、忠誠で勇武な君たち国民に伝える。

私はここに、米国及び英国に対し宣戦を布告する。陸海将兵は全力で戦争に従事し、官僚は職務に身を捧げ、国民は各々その本分を尽くし、全国民が結束して国家の総力を挙げて、この戦争の目的達成のため、手違いのないように心がけよ。

そもそも、東亜の安定を確保して世界の平和に寄与することは、明治天皇、大正天皇が構想されたことであり、私も常に心に留めていることである。列国と深く交流し、あらゆる国と共栄の喜びを共にすることは、我が国が常に外交の要《かなめ》とするところである。今や不幸にして、やむを得ず米英両国と戦端を開くことになったが、これは私の望むところではない。中華民国政府は我が国の真意を理解せず、みだりに事を荒立て東亜の平和を乱し、遂に我が国も戦わざるを得ない事態となり、すでに四年以上が経過した。幸いにも、国民政府がこの状況を変えようとしている。我が国は、この政府と善隣条約を結んで提携するようになったが、重慶に残存する政権は、米英の庇護をたのんで今も南京政府との対決姿勢を改めようとしない。米英両国はこの政権を支援して東亜の紛争を助長し、平和の美名に匿れて東洋制覇の非望を達成しようとしている。それだけでなく、同盟国を誘い、我が国周辺で軍備を増強し、我が国に挑戦し、さらに我が国の平和的通商にあらゆる妨害を与え、遂に経済断交し、我が国の生存に重大な脅威を加えている。私は政府に事態を平和裡に回復させようとして、ずっと耐え忍んできたが、米英は少しも譲歩の精神がなく、いたずらに時局の解決を引き延ばして、その間にもますます経済上・軍事上の脅威を増大させ、我が国を屈服させようとしている。このような状態が続き、東亜安定のための我が国積年の努力はことごとく水泡に帰し、我が国の存立もまた正に危機に瀕している。事ここに至って我が国は、今や自存自衛のため、決然と立ち上がり、一切の障害を破砕するほかない。

皇祖皇宗の神霊がついている。私は君たち国民の忠誠と勇武を信頼し、祖宗の遺業を押し広め、速かに禍根を取り除いて東亜永遠の平和を確立し、これによって我が国繁栄の保全を望むものである。

附録　高等科修身　一　女子用

男子用と重複しない章のみ収録

七　孝行

私どもは、この世に生まれ出ると、父母の深い慈愛を受けて育って行くのです。それで自然と、父母に親しみ、父母を敬う心も起り、又、知らず知らずの間に、すなおな心も生まれて来るのです。この心は、そのまま他人に対する好意ともなれば、信頼の念ともなるのであります。随って、私どもの大切な徳行は、総べて子として父母につかえる心から始るということができます。

「孝は徳の本なり」

という言葉もあります。明治天皇の御製に、

たらちねの親につかへてまめなるが人のまことの始なりけり

とお詠《よ》みになっています。私どもは、このみおしえに就いて、深くわきまえるところがなければなりません。

わが国には、昔から孝行に関するうるわしい話が、たくさんあります。上下をあげて、人情にあついのも、全く孝を重んじる美風があるからであり、それが又、国のさかんになる基とも

なっています。このように、孝は大切な道であります。教育に関する勅語には、臣民の守るべき道をお示しになるに当って、先ず第一に、「父母に孝に」と仰せられています。私どもは、常に孝道を守って、聖旨にそい奉り、ますますわが国の美風を発揚することに努めなければなりません。

孝行の道は、父母を敬い、その命に従って、親を安心させることにあるのです。私どもは、この心得を終始一貫、変えないようにすることが大切です。私どもが、まだ年少である頃は、父母も元気ですが、成長するにつれて、次第に父母は老いて行きます。ですから、子としては、一日でも孝養をゆるがせにできません。古人の言に、

「樹《き》、静かならんと欲すれども、風止まず。子、養わんと欲すれども、親待たず」というのがあります。私どもが成長してから、なお父母が健《すこ》やかなのは、子としてこの上もないしあわせであります。朝な夕な、必ず顔をやわらげ、温かい気持で、父母につかえるように努めることが、私どもにとって、何よりも大切なことです。

特に女子は、成長の後、多くは他家にとつぐのですから、生家に居る間に、父母に孝行を尽くす心がけが大切です。とついだ後は、身を慎み、先方の家風に従い、家庭の和楽《わらく》に努めて、少しでも生家の父母に心配をかけるようなことが、あってはなりません。又万一、親の言行に、道理に合わないようなことがありましたら、よくよく考えてから、顔色をやわらげ、おだやか

な言葉で、自分の考えを述べ、真心こめて説くようにし、親が過ちにおちいらぬようにするのが、孝の道であります。

そよ女《じょ》は、尾張海西郡鳥地村《とりがんじ》に生まれました。父は農夫で、善六《ぜんろく》といいましたが、そよ女が生まれた翌年、母は死に、父の手一つで育てられました。父の善六は、家が貧しいので、自分でそよ女を懐に抱いて、他家に乳をもらって歩いたり、自分で米汁を作って飲ませたりしました。寝てから、そよ女が乳を欲しがって泣く時は、いろいろとあやして、やっと眠らせることもありました。

しかし、父の善六は、生まれつき酒が好きで、少しばかりの金を得ても、それをすぐ酒に代えるという悪い癖があったため、たくわえも無くなり、後には農業もやめて、川の漁《すなど》りをしたり、又、人にやとわれて働いたりして、やっとその日の暮しを立てていました。

このような境遇の中で、そよ女は、だんだん大きくなって行きましたが、気立てがすなおでやさしく、人のために綿を打ったり、機を織ったりして、賃銭を得て、家の暮しをおぎないました。自分のなりふりはかまわず、税だけはとどこおりなく納めるようにしました。そよ女は、その上、自分のたべ物までもひかえて、父に不自由をさせないようにしました。

父の善六は、酔うと所かまわず寝ころんで、夜がふけても、家に帰って来ないことがよくありました。そんな時、そよ女は、父の身を案じて、雨風もいとわず、尋ねて歩きました。運悪

く途中で行きあわないと、父は帰ってから無理ばかり言って、叱りつけました。けれども、そよ女は、唯わびるばかりで、少しも親にさからおうとしませんでした。運よく行きあえば、父は、

「早く帰れ。なぜ、親の楽しみをさまたげるか。わしは、後から帰る」

などと言って困らせます。それをそよ女は、いろいろとなだめすかして帰らせ、自分はその後から、見えがくれについて行くのでした。

　夏の夜、父の善六は、よく路ばたや人の家の庭先などで、酔い倒れています。すると、そよ女は、蚊帳《かや》を持って行って、父のからだをおおい、自分は蚊に喰われるのもかまわず、父を護って、その側で夜を明かすこともありました。

　そよ女のこのような真心は、どんなかたくなな人をも感動させずにはおきません。まして父の善六は、親であ

り、もともと心の曲った者ではありません。そよ女の孝心は、おのずからこの父を感動させて、父も自分の行状を慎むようになりました。やがて、近所の人にその事を語っては、涙を流して、娘の孝行を喜んだということです。

祖父母につかえるにも、父母につかえるのと同じように、敬愛の誠を尽くすことが大切です。殊に祖父母は、年を取って、耳が遠かったり、手足が不自由であったりしますから、孫としては、一層心を用いて、つかえるようにしなければなりません。敬と愛と信は、日本人本来の美風です。この点を私どもは、よく心に刻んでおかなければなりません。

祖先を尊ぶことも、また孝の道です。神武天皇が国内を御平定になった後、皇祖天神をいつきまつって、大孝をおのべになったのは、御みずから万世にわたっての模範をお垂れになったものと拝察されます。孝道を全うするためには、唯父母祖父母を敬愛して、よくこれにつかえるというだけでは足りません。進んで祖先を尊び、祭祀《さいし》の礼を厚くして、その墳墓《ふんぼ》をも大切にしなければなりません。又、父祖の志をつぎ、父祖の美風を伝え、常に身を修め、業務に励んで家名を揚《あ》げるよう心がけることが大切です。

父祖に孝を尽くそうとする私どもが、最も心しなければならないのは、至誠尽忠の精神に立つということであります。私どもの父祖は、皇室につかえて誠忠を捧げたのでありますから、君に忠を尽くすことは、そのままに父祖の志をつぎ、父祖の遺風をあらわすことであって、そ

れがやがて、父祖に対する孝になるわけです。教育に関する勅語には、

克く忠に克く孝に

と仰せられています。又、「忠臣は孝子の門に出ず」という古語もあります。皇国日本では、忠を離れた孝は全くないということを、よくわきまえておかなければなりません。

八　しゅうと

他家にとついで嫁となる者は、よくしゅうとにつかえて、生みの親と同じように、大切にしなければなりません。嫁が、生みの親に対すると同じ真情で、しゅうとにつかえ、しゅうとも、また実の子に対すると同じ心で、嫁を愛すれば、一家はまことにむつまじく、家庭はほんとうに楽しい所となります。ですから嫁は、しゅうとに対して従順を旨とし、敬愛の誠を尽くしてつかえるように、心がけなければなりません。

しゅうとは、家を祖先から受けついで、これをわが子にゆずり伝える人であります。嫁は、しゅうとが前に家を治めた苦労を思い、又、しゅうとは、嫁をよく導いて、家を治めさせれば、家は次第に栄えて行くものです。

夫は、子として、その家に育った者ですが、嫁は新しく他家からはいって来たものですから、その家風になれないために、或は、しゅうとの心にかなわないこともありましょう。けれども、それを、そのままにしておいたのでは、家庭の和楽をそこない、嫁としての本分を尽くすことになりませんから、先ず何につけても、嫁はしゅうとの心にそむかないよう努めることが大切です。もし、しゅうとのいましめを受けるようなことがあれば、どこまでも、自分の誠が足りないものと考えて、よく反省し、つつましい心でこれを聞き、決してしゅうとを軽んじたり、怨《うら》んだりするようなことがあってはなりません。

吉田松陰先生が、安政元年十二月三日、妹千代へ送られた手紙の一節に、次のようなことが書いてあります。

「夫を敬い舅《しゅうと》姑《しゅうとめ》に事《つか》うるは、至ってこれ大切なる事にて、婦《よめ》たるものの行ない、これに過ぎたる事なし。然れども、これは誰しも心得ぬものなければ、申さずともすむべし。さて肝要は、元祖以下代々の先祖を敬うべし。先祖をゆるがせにすれば、その家必ず衰うるものなり」

引き続いて、又、更に一つの注意を与えていられます。

「婦人は己が生まれたる家を出でて、人の家に行きたる身なり。然れば、己が生まれたる家の先祖の大切なることは、生まれ落つるときよりわきまえ知るべけれど、ややもすれば、行きたる家の先祖の大切なることは、思いつかぬこともあらん。よくよく心得

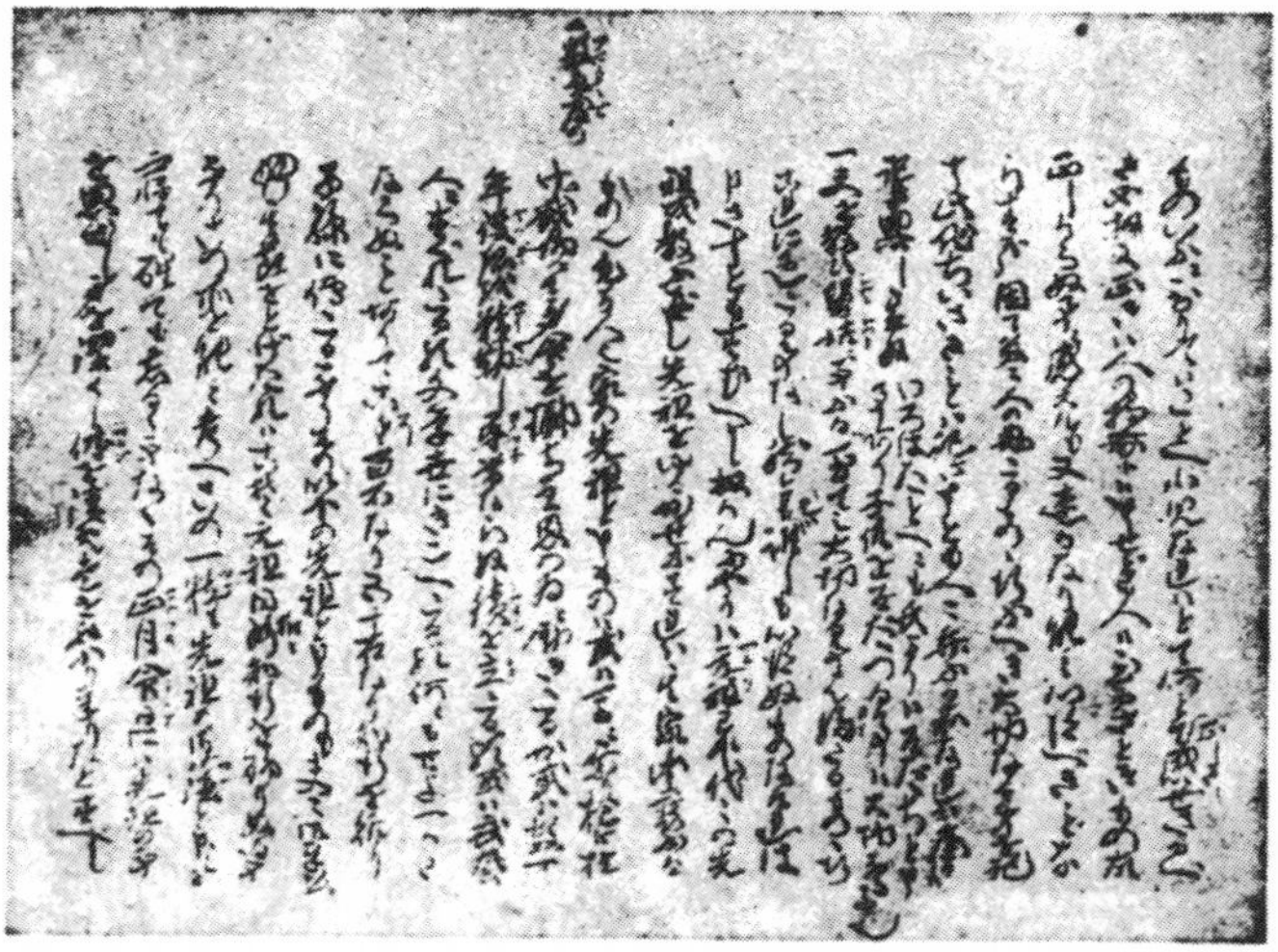

べし。人の家に行きたれば、行きたる家が、己が家なり。故に、その家の先祖は、己が先祖なり。ゆるがせにすることなかれ。又、先祖の行状功績などをも、くわしく心得おき、子供らへ昔ばなしの如く、はなし聞かすべし。大いに益あることなり」

私どものよくよく考えて、胸にたたんでおかなければならない言葉であります。

十四　貞操《ていそう》

天明の頃、筑前宗像《むなかた》郡土穴《つちあな》村に、はんという婦人がいました。農夫源蔵の妻となりましたが、十年ほどたった頃、夫の源蔵は中風にかかり、歩行もできないようになりました。夫婦には、なお七十歳になる姑《しゅうとめ》と、九歳、六歳及びその年生まれという三人の娘がありました。このような境遇の中で、はん女《じょ》は、まめやかに働いて、病夫を介抱し、かたわら一家の者の養育に努めてうみませんでした。その苦労のほどは、はたの目にもいたわしいほどでありました。

ある時、親類の人々が、集って来て、

「源蔵は、あんな不治の病で寝ている上に、姑と幼児の養育に手がかかって、とても農家の仕事はむずかしいであろう。一家が飢《う》えては困るから、源蔵親子と娘二人は、私の方で世話をしよう。あなたは、末の娘を連れて郷里に帰り、再婚して、身のふりかたをはかりなさい」

とすすめました。けれども、はん女は、きっぱりした態度で、

「仰せは、ありがとうございますが、このように病苦になやんでいる夫や年より子どもを、見捨てるわけにはまいりません。どんな苦労をしましても、このままで、一家の者を養いとうございます」

と言って、その真心を訴えました。姑も、はん女の手厚い孝養に安心しきっていましたから、

「はんに行かれては、私も生きて行くかいがない」
と言って、歎き悲しんだので、親類の人々も、この有様にすっかり感心して、そのままにしておきました。

はん女は、その後も、夫に対して、朝夕の身の世話、薬の世話はいうまでもなく、季節の着物もととのえ、田や畠の耕作にも精を出しました。草を刈るのも自分一人、薪を採《と》るのも自分一人でし、女の手に負えないことがあれば、親類や近所の人々と相談し、仕事を代ってもらって、一生けんめいに働きました。このようにして十年の間、源蔵の死に至るまで、かゆい所に手の届くような介抱を続けました。人々はみんな、その志のあついのに感心し、後には領主の耳にもはいって、その善行が表彰されました。

男女が結婚して、嫁が夫の家に入った上は、夫婦として相愛するとともに、互に敬意を失わず、喜びも悲しみも共にして、一生変らない心がけがなくてはなりません。妻となっては、夫が病弱や貧困におちいったりしたからと言って、それを捨て去るようでは、日本古来の尊い婦徳をそこなうことになります。貞操は、実に女子の生命であります。それ故、私どもは死を賭しても、貞操を守らなければなりません。たとえ、どのように才能がすぐれ、容色が秀《ひい》でていても、この根本に欠けるところがあっては、女子としてのねうちがないのです。心の美は、形の美の比ではありません。女子の身を誤るのは、安逸《あんいつ》を願い虚栄を求めることに起る場合が少

くありません。随って、私どもは、常に自重して誘惑に打ちかち、貞操を全うする覚悟が大切であります。古歌に、

雪降りて年の暮れぬる時にこそつひにもみぢぬ松も見えけれ

というのがありますが、私どもの忘れてはならない言葉であります。

十五　皇国の女子

昔は戦争が起っても、女子はそれに関係のあるものとは思われていませんでした。もちろん、時代によっては、女子も武器を取って前線に立ち、又、郷土を守るために戦ったこともあり、死を以って家を守った人も少くありません。けれどもそれらは、今日のように、全国民が挙って国土を防衛するといったものではなかったのです。

日清・日露の両戦役にしても、皆国外で戦争が行なわれ、寸土もわが領土を侵《おか》されたことはありません。わが父、わが子、わが兄が、召し出されて戦線に赴くことはあっても、当時の戦争は、範囲も広くなかったし、又、国民の生活に、今日ほど深刻な影響を与えませんでした。戦争といえば、軍人である男子が、武器を取って戦うものとしか考えられなかったからであります。

それでも、戦えば必ず勝ち、到る所で敵を撃破して、皇威を世界に輝かしてまいりました。これは、ひとえに御稜威の然らしめるところであり、わが皇国のみが担う栄誉であります。もとより忠誠勇武な皇軍将兵が、一死報国の至誠に燃え、更に銃後を護る国民の熱誠が、あふれていたことはいうまでもありません。

昭和十二年七月七日、わが国は、新しい世界を築くため、力強くふみ出しました。敵米英の援助をたのんで、無道なふるまいを続けて来た中華民国に対する討伐の征戦が、大陸にひろげられて行きました。その後四年有半、更に帝国は、米英の目に余る仕業を見逃すことができず、自存自衛のため蹶然起って、ここに大東亜戦争が開始されるに至りました。

昭和十六年十二月八日、宣戦の大詔《たいしょう》が下されると同時に、皇軍は、陸に海に空に、勇猛果敢な戦をくりひろげて、めざましい大戦果を挙げ、国内も、また全国民一人残らず、尽忠報国の誠を捧げて、銃後の護りを固めたのでありました。

今日の戦争は、決して将兵だけの戦ではなく、全国民の戦であります。前線と銃後とは、その距離が幾百里あるというようなことでは、区別がつかなくなりました。これは、科学や技術の驚くべき進歩発達とともに、現代戦が消耗戦であり、思想戦であるという特徴をもっているからであります。

科学の進歩は、航空機や潜水艦のような有力な兵器を発達させただけでなく、これまで想像することもできなかったいろいろな兵器を作りあげました。しかし、どのように科学が進歩したにしても、やはりその根本として、銃後の生産力と、国民精神の統一とに欠けるところがあれば、私どもが、この尊い国土をりっぱに護り通すことは、できないのであります。

それ故、現代戦では、全国民がみんな戦うとともに、私ども女子の力も、最大の限度に、発揮されなければなりません。戦争と女子との関係は、極めて深いもののあることが考えられます。女子は、わが父、わが子、わが兄、わが夫を戦場に送るばかりでなく、その戦う弾丸や兵器を生産し、又、食糧や衣服の準備をし、更に敵機の来襲に備えて、わが家、わが郷土、わが国土を護らなければならないのです。

敵国の間諜や、銃後の思想混乱に対しても、皇国の女子は、必死になって、これを守り抜き、りっぱにその任務を果すことが大切であります。一切を忘れて献身奉公する男子の蔭に在りながら、よく家を斉《ととの》えて、忍従の力、貞淑の美徳を発揮して、国に報じなければなりません。随って戦争は、決して兵士と兵器だけが戦うものでなく、女子が又、蔭にかくれたりっぱな戦士であり、そうした女子の戦こそ、むしろ最後の勝敗を定めるものと言っても、決して言い過ぎではないのであります。

大東亜戦争は、新しい世界を築き上げる戦です。大東亜の建設を妨げようとする米英その他の敵国を撃破して、世界永遠の平和に寄与するものであります。けれども敵米英は、決してあなどることのできない力を持っています。戦線は、非常に大きくひろがっています。それだけに、国民に対する国家の期待は、ますます大きいものになって行きます。私どもは、あらん限りの努力と忍耐と才智を集めて、是非とも、この戦争の目的を果さなければなりません。私どもは、一切の力を尽くして、戦争に勝ち抜く覚悟を定め、しっかりした気持で、御奉公の実を挙げることが大切です。そのためには、先ず足もとから固めて、日々の生活を深く省《かえり》みなければなりません。そこにこそ、大東亜建設の力強い一歩一歩があるのであります。

例えば、今わが国では、家の生活を中心として、隣り組が、全国にわたって作られています。隣り組こそ、国を護るための大切な自衛組織であり、又、配給その他に於いて、りっぱに国民生活を成し遂げる土台となるものです。私どもは、銃後の護りを固くするため、日々の生活に、この隣り組を有効に生かし、隣保共助の実を挙げ得るようにして、新しい生活への道をふみ出さなければなりません。

しかも、心がけなければならないことは、皇国女子の任務が、尊い母としての生活から始るということであります。そのためには、今から自分自身をしっかりとねり上げておかなければなりません。特に、現在のような時局では、出征した男子に代って、どんな方面の働きでも、女子でやってのけるというだけの自信と、その底力とを、養うことが大切であります。

戦争があろうとなかろうと、皇国の女子は、平生から、これだけの心構えがなくてはなりません。このような重い任務を背負うものであることをよくわきまえて、私どもは、日々の生活を、ゆめおろそかに過してはならないのです。新しい世界の成長に備える女子としての輝かしい道は、ここから始り、ここからくりひろげられて行くのであります。

用語説明

愛敬《あいけい》　親しみ、敬うこと
豈《あに》　どうして
天津《あまつ》**日嗣**《ひつぎ》　皇位
海内《あめのした》　国内
遺算《いさん》　手落ち
惟神《いしん》　神の御心のまま
一統《いっとう》　統一
一如《いちにょ》　一体であること
斎《いつ》**き祀**《まつ》**る**　丁寧に神様をお祀りすること
違背《いはい》　命令・規則などにそむくこと
遺範《いはん》　前人が遺した手本
遺風《いふう》　後世に残る先人の教え
威烈《いれつ》　激しい威光
稟《う》**ける**　天命を授かって生まれる
氏神《うじがみ》　神として祀られた氏族の先祖

宇内《うだい》　世界
産土神《うぶすながみ》　生まれた土地の神
倦《う》**まず撓**《た》**ゆまず**　飽きたり怠けたりせず
倦《う》**む**　同じことが続き、飽きる
叡慮《えいりょ》　天皇のお考え
遠猷《えんゆう》　遠い将来にわたる構想
王事《おうじ》　皇室に関すること
大内山《おおうちやま》　皇居
大君《おおきみ》　天皇
大御心《おおみこころ》　天皇の御心
元元《おおみたから》　臣民
大御業《おおみわざ》　天皇がなさる事業
おおろか　いいかげん
億兆《おくちょう》　臣民
恢弘《かいこう》　事業や制度などを大きく広げること
肯《がえ》**んずる**　承諾する
牆《かき》**に相鬩**《あいせめ》**ぐ**　内輪喧嘩をする

赫々《かくかく》　功績などが立派で目立つさま
恪守《かくしゅ》　つつしんで守り従うこと
学窓《がくそう》　学校
嘉言《かげん》　人生訓となるようなよい言葉
下賜《かし》　高貴な人が下の身分の者に与えること
仮借《かしゃく》　手心を加えること
我執《がしゅう》　自我を通すこと
嘉賞《かしょう》　よいとして褒めたたえること
稼穡《かしょく》　穀物の植え付け、取り入れ
割取《かっしゅ》　領土の一部を他国が受け取ること
寡兵《かへい》　少数の兵力
上御一人《かみごいちにん》　天皇
禍乱《からん》　世の乱れ
感恩報謝《かんおんほうしゃ》　恩を抱く相手に最高の礼で報いること
干戈《かんか》　武力
歓喜踊躍《かんきようやく》　非常に喜んで小躍りすること
還御《かんぎょ》　天皇が出先からお帰りになること
漢籍《かんせき》　大陸において漢文で書かれた書物
間諜《かんちょう》　スパイ
艱難《かんなん》　困難に遭い苦労すること
渙発《かんぱつ》　勅令などを天下に発布すること
感孚《かんぷ》　真心を通わすこと
涵養《かんよう》　ゆっくりと育てること
気宇《きう》　気構え
亀鑑《きかん》　模範
起臥《きが》　生活すること
毀傷《きしょう》　損ない傷つけること
気節《きせつ》　気概、節操のあること
危殆《きたい》　非常に危険なこと
気魄《きはく》　気迫
行学《ぎょうがく》　修行と学問
侠気《きょうき》　苦しむ弱者を見過ごせない心
恭倹《きょうけん》　人には恭しく、自分自身は慎み深く振る舞うこと

鞏固《きょうこ》　強固

驕奢華靡《きょうしゃかび》　驕り飾って贅沢を尽くすこと

協心戮力《きょうしんりくりょく》　心を一つにして力を合わせること

嚮導《きょうどう》　先に立ち案内すること

御府《ぎょふ》　皇居吹上御苑南端にある木造倉庫群の総称

谷る《きわま》　窮まる

釁端《きんたん》　不和の始まり

欽定《きんてい》　君主の命により制定すること

苦衷《くちゅう》　苦しい胸の内

六合《くにのうち》　国内

偶人《ぐうじん》　木偶人形

軽侮驕傲《けいぶきょうごう》　相手を見下し、驕り高ぶること

経綸《けいりん》　国家の秩序を整え、治めること

懈怠怯弱《けたいきょうじゃく》　積極性なく怠けること

蹶然《けつぜん》　勢いよく行動を起こすこと

拳々服膺《けんけんふくよう》　心に留めて忘れないこと

顕現《けんげん》　はっきり姿を現すこと

顕彰《けんしょう》　功績を世間に知らせて表彰すること

堅忍持久《けんにんじきゅう》　我慢強く辛苦に堪え忍ぶこと

堅忍不抜《けんにんふばつ》　何があっても心を動かさず、堪え忍ぶこと

顕揚《けんよう》　功績などをたたえて世間に広めること

皇運《こううん》　皇室の運命

宏遠《こうえん》　広く奥深いこと

皇化《こうか》　天皇の高徳による感化

耕稼《こうか》　田畑を耕し作物を植えること

交誼《こうぎ》　心の通った付き合い

剛健《ごうけん》　心身が強くたくましく、男性的なこと

曠古《こうこ》　前代未聞

皇考《こうこう》　在位中の天皇が、亡くなった先代天皇をいう語

交譲《こうじょう》　お互いに譲りあうこと

皇祖皇宗《こうそこうそう》　天照大神に始まる天皇歴代の祖先

宏謨《こうぼ》　広大な計画

光被《こうひ》　君徳が世の中に行きわたること
康福《こうふく》　安らかで幸せなこと
皇謨《こうぼ》　天皇の国家を統治する計画
国本《こくほん》　国の基礎
股肱《ここう》　最も頼りになる家来
心掛《こころが》く　心にとめる
刻苦勉励《こっくべんれい》　苦労を重ね一心に努力すること
五倫《ごりん》　人が守るべき五つの道
際会《さいかい》　重大な事件、時機にたまたま出あうこと
豺狼《さいろう》　山犬と狼
坐作進退《ざさしんたい》　立居振る舞い
作興《さっこう》　奮い立たせること
然《さ》はあれ　されど
讒言《ざんげん》　偽りの証言
芟除《さんじょ》　除き去ること
然《しか》らしめる　そうさせる
至境《しきょう》　到達できる最高の境地

而《しこう》して　そうして
至誠《しせい》　極めて誠実なこと
志操《しそう》　固く守って変えない志
桎梏《しっこく》　人の行動を制限して自由を束縛するもの
実践躬行《じっせんきゅうこう》　理論などを自身の力で実行すること
四表《しひょう》　世の中
師表《しひょう》　世の人の模範となる人物
奢侈《しゃし》　度をこえて贅沢なこと
衆寡敵《しゅうかてき》せず　少数では多数にとても勝てないこと
夙夜《しゅくや》　朝早くから夜遅くまで
順逆《じゅんぎゃく》　道理に従うことと背くこと
醇厚《じゅんこう》　人柄などが素朴で情に厚いこと
醇風美俗《じゅんぷうびぞく》　人情に厚く美しい風俗風習
遵奉《じゅんぽう》　法律や教えを尊重し、それを守ること
常経《じょうけい》　常に守らなければならない道
上古《じょうこ》　大昔
承行《しょうこう》　継承して行うこと

衆庶《しょうしょ》　一般の人々
昭々《しょうしょう》　明るく輝くさま
松柏《しょうはく》　樹齢の長い常緑樹の代表である松と柏
尚武《しょうぶ》　武勇を尊ぶこと
昇平《しょうへい》　世の中がよく治まり平和なこと
従容《しょうよう》　ゆったりと落ち着いているさま
爾来《じらい》　それ以来
しろしめる　お治めになる
信倚《しんい》　信頼
振気《しんき》　気を奮いたたせること
宸襟《しんきん》　天皇のお心
箴言《しんげん》　人生の教訓となる格言
進講《しんこう》　貴人の前で学問の講義をすること
臣子《しんし》　臣下
振粛《しんしゅく》　緩んだ気風を奮い起こして引き締めること
身体髪膚《しんたいはっぷ》　からだ全体
尽忠報国《じんちゅうほうこく》　忠節を尽くし国家の恩に報いること

臣道《しんどう》　臣下が守るべき道
軫念《しんねん》　天皇が心を痛められること
真面目《しんめんぼく》　真価
振励《しんれい》　奮い起こすこと
時艱《じかん》　その時代の当面している難題
瑞雲《ずいうん》　吉兆として現れた雲
粋然《すいぜん》　純粋なさま
統《す》**べる**　統率する
聖旨《せいし》　天皇のお考え
西陲《せいすい》　西の果て
生々発展《せいせいはってん》　絶えず活動しながら発展をすること
成跡《せいせき》　過去の実績
正大《せいだい》　正しく、堂々としているさま
誠忠《せいちゅう》　真心からの忠義
世務《せいむ》　世の中の務め
赤子《せきし》　国民
赤誠《せきせい》　ひたすら真心で接する心

遷延《せんえん》　長引くこと
千古《せんこ》　永遠
戦捷《せんしょう》　戦争に勝つこと
践祚《せんそ》　天皇の位を継ぐこと
先達《せんだつ》　学問、技芸で先にその道に達した人
闡明《せんめい》　道理や意義を明瞭にすること
宗家《そうけ》　中心になる家
蒼生《そうせい》　国民
壮兵《そうへい》　職業兵
礎石《そせき》　物事の基礎となるもの
率先垂範《そっせんすいはん》　先頭に立ち、模範を示すこと
泰然自若《たいぜんじじゃく》　落ち着いて物事に動じないさま
大旆《たいはい》　天子、将軍の用いる大きな旗
高御座《たかみくら》　皇位
宝位《たかみくらい》　皇位
啻に《ただ》　単に
矯《た》める　悪い性質などを改めなおす

垂乳根《たらちね》の親《おや》　母親
孰《たれ》か　誰が…か
端坐《たんざ》　正しい姿勢で座ること
嘆賞《たんしょう》　感心して褒め称えること
千五百秋《ちいほあき》　限りなく長い年月
忠魂義胆《ちゅうこんぎたん》　忠節を守り正義を貫く精神
忠誠義烈《ちゅうせいぎれつ》　忠義に厚く、正義感も強いこと
忠良賢哲《ちゅうりょうけんてつ》　忠義の人と善良な人、賢人と哲人
肇国《ちょうこく》　建国
長策《ちょうさく》　遠大な計画
町歩《ちょうぶ》　約一万平方メートル
兆民《ちょうみん》　多くの民
庭訓《ていきん》　親が子に与える教訓
天業《てんぎょう》　天皇の国を治める事業
天壌無窮《てんじょうむきゅう》　天地とともに永遠に続くこと
奠都《てんと》　都をその地に定めること
天佑《てんゆう》　天の加護

等閑《とうかん》　なおざり

徳器《とっき》　身に備わる徳と才能

徳輝《とっき》　徳の輝き

徳教《とっきょう》　徳により人を善導しようとすること

蠹毒《とどく》　悪影響を与えること

堵《と》に安《やす》んず　不安なく生活する

中国《なかつくに》　日本の国土

日晷《にっき》　日かげ

にまれ　であっても

八紘為宇《はっこういう》　世界を一つの家のように統一すること

万古《ばんこ》　大昔から今まで、永遠に

万世不易《ばんせいふえき》　永久に変わらないこと

庇蔭《ひいん》　庇護

丕基《ひき》　天皇が国を統治するという原則

丕顕《ひけん》　立派なこと

丕承《ひしょう》　立派に受け継ぐこと

百僚有司《ひゃくりょうゆうし》　多くの官吏

風儀《ふうぎ》　風潮

普請《ふしん》　土木建設工事

不惜身命《ふじゃくしんみょう》　自分の身命を投げ出しても惜しくはないこと

不敏《ふびん》　才能に乏しいこと

扶翼《ふよく》　助けること

文弱《ぶんじゃく》　学問や芸事にばかりふけっていて弱々しいこと

幣帛《へいはく》　神に奉献する、神饌以外のものの総称

兵馬《へいば》の権《けん》　軍を統帥する権力

放肆《ほうし》　だらしなくわがままなこと

宝祚《ほうそ》　天皇の位

奉体《ほうたい》　上からの意をよく心にとどめること

朋友《ほうゆう》　友達

輔翼《ほよく》　助けること

掘割《ほりわ》り　地面を掘って造った水路

健男《ますらお》　勇士

霊時《まつりのにわ》　祭場
まにまに　ままに
躬《み》　自ら、または身
御稜威《みいつ》　天皇の威光
みくにまなび　国学
詔《みことのり》　天皇の仰せ
瑞穂《みずほ》**の国**《くに》　日本国の美称
無窮《むきゅう》　永遠
むつび合《あ》**う**　なれ親しみ合うこと
命数《めいすう》　寿命
免黜《めんちゅつ》　罷免すること
門人《もんじん》　弟子
勇往邁進《ゆうおうまいしん》　目標を目指し、恐れることなくまっしぐらに突き進むこと
雄渾《ゆうこん》　雄大で勢いがあること
有衆《ゆうしゅう》　国民
翼賛《よくさん》　力を添え助けること
与国《よこく》　同盟国
世々《よよ》　代々
理会《りかい》　物事の道理を会得すること
利根《りこん》　頭が良いこと
理非《りひ》　道理に合っていることと外れていること
隆昌《りゅうしょう》　勢いの盛んなこと
隆替《りゅうたい》　盛んになることと衰えること
良弼《りょうひつ》　よい輔佐の臣
凜乎《りんこ》　凜々しく勇ましいさま
綸旨《りんし》　天皇の命令
吝嗇《りんしょく》　けち
励精《れいせい》　精を出し励むこと
廉恥《れんち》　心が清らかで、恥を知る心が強いこと
六衛府《ろくえふ》　宮城護衛に当たった六つの官府の総称
和諧《わかい》　調和
和衷《わちゅう》　心の底から和《なご》むこと
和楽《わらく》　和やかに楽しむこと

「復刻版　高等科修身　男子用」解説

教育が全ての根幹

高須克弥（高須クリニック・院長）

僕は昭和二十年一月生まれなので、当然国民学校には通っていませんし、国民学校で使用されたこの教科書で勉強したわけではありません。しかし、この教科書に書かれていることは、子供のころから習っていたし、今も自分の心の支えになっています。だからこの『復刻版　高等科修身　男子用』の解説を依頼されたときに、「ああ、これは僕が家庭教師から習ったことと同じ内容だ」と真っ先に思ったのです。

僕の実家は四百年以上前、織田信長が明智光秀に討たれた「本能寺の変」から繋がる医者の家系です。事件当時少人数で堺にいた徳川家康は、光秀の襲撃から逃れるため、有名な「神君伊賀越え」を経て海路にて故郷三河国を目指します。満身創痍で三河湾にたどり着いた家康は、その地に住む小四郎という男の懸命な介抱により、体調を取り戻しました。この小四郎が僕のご先祖様です。

このお礼に家康から「高須」の苗字と家紋をもらったご先祖様は、徳川幕府のご威光を受け、三河の地で代々医業を営むことになるのです。医業といっても当時は別に医師免許があったわけではなく、自分で漢方なり蘭学なりを勉強して、名乗るだけなら誰でも医者になれました。その代わり、施術が下手だったり治らなかったら流行らないし、良く治ると評判になれば流行るというわけです。当時で言うと、剣道の道場のようなものをイメージすると近いと思います。

状況が変わったのは明治維新によってでした。江戸時代を通じて医業を営んでいた高須家は、「従来医」という形で医業を続けることを許可されました。しかし従来医は一代限りというのが許可の条件で、それ以降は「医術開業試験」を受けて合格するか、帝国大学の医学部を卒業して「医学士」にならないと医者になれなくなってしまったのです。

僕の祖母は四人姉妹でした。祖母以外はみな器量よしで御典医をはじめとする医者の良家に嫁いだのですが、残念ながら唯一そうではなかった祖母が高須家の後を継ぎました。祖母は若くして医術開業試験に合格し、「高須医院」（現在の高須病院）を開業したのです。

祖母は帝国大学医学部を卒業した祖父を婿に取り、母が生まれました。後に母も婦人科医になるのですが、隣町の病院の内科医（父）を婿に取って生まれたのが僕です。高須家にとって、約百年ぶりの男子誕生でした。

そのせいもあってか、特に祖母と母は非常に教育熱心でした。

僕が小学校に通うようになると、「今日はどんなことを習ったの？」と母と祖母に聞かれ、その都度自分の言葉で説明していました。

ある日のこと、いつものように祖母と母に「今日はどんなことを習ったの？」と聞かれたので、「天皇はこんな悪いことをした、日本は他国を侵略した悪い国なので、我々は償いをしなければならないといったことをいろいろ教わった」と言ったところ、二人とも血相を変え、「それはとんでもないことだ」と言うのです。それで、「その先生はどんな人なの？」と聞くので、「シベリアに抑留されていたけれど、早く解放されて帰ってきた先生で、師範学校在学中に学徒動員された人だよ」と答えると、祖母と母はこう言いました。

「その先生は共産主義者です。その先生の言っていることは全部嘘だから、もういっぺん正しいことを教え直します！」

そこからの祖母と母の動きは早かったです。まず、親戚に師範学校をいい成績で卒業したベテランの教師がいたので、その人を家庭教師につけてくれました。母は、それではまだ足りないからと言って、母の恩師で地元では有名な教育者の方も家庭教師につけてくれたのです。母の恩師の方は週に一回通う形だったので、それ以外の日は親戚の家庭教師に勉強を見てもらいました。その二人から習った内容が、本書『復刻版　高等科修身　男子用』をはじめとする国民学校の授業内容だったのです。

二人の家庭教師から教わったことはまったく一緒で矛盾がなく、僕にとって非常に納得のいくものでした。それと同時に、「学校の先生の話は全部嘘だ」と固い信念を持って学校に行くようになったのです。

それ以降、先生が戦前の日本や天皇陛下の悪口を言うと、いつも「先生、それは違うと思います」と意見をするようになりました。すると、先生は「授業を妨害するな」と言って、僕にバケツを持たせ廊下に立たせるのです。そのうち先生は授業が始まるや否や、僕にバケツを持たせ廊下に追い出すようになりました。それで僕は授業をほとんど受けていません。先生は、僕が先生を軽蔑しきっていることをよく分かっていただろうし、僕のことを憎んでいたと思います。

でも、僕には家庭教師が二人ついていたので、成績は抜群でした。ある日、全国共通の学力テストがあったのですが、僕が非常に優秀な成績だったので、校長先生はすごく喜んで、僕とその先生を一緒に校長室に呼びました。そしてその先生を「君の教育の賜物だ。よくやった」と褒めたのです。

それに納得いかなかった僕は、校長先生に本当のことを言いました。

「それは違います。授業中、先生の話に納得がいかないから質問しても、先生は答えられず『バケツを持って立っておれ』と言うだけでした。僕はこの人からは何も教わっていません」

その先生は「恥をかかされた」と怒り、翌日以降、また体罰が続きました。捕虜時代に自分がさんざんやられたからでしょうか、その先生は陰湿な体罰を加えるのが上手でした。

学校ではそういう教育を受けていたので、なおさら二人の家庭教師そして祖母と母には心より感謝しています。

この教科書もそうですけれど、戦前戦中教育と言えばだいたい家長の父親が威張っていて、そこに貞淑な妻がかしずくという形が国民のあるべき姿だというのが一般的ですが、そういう意味では高須家は違いました。前述の通り百年間男が生まれなかったので、祖父も父も婿養子です。

僕のイデオロギーを聞いて「フェミニズムの敵」だとか、「女性の権利を認めてない」とかいろいろ言う方が多いのですが、高須家は昔から女が一番偉かったし、僕も女性に対して人一倍の尊敬があります。

この『復刻版　高等科修身　男子用』は「男子用」に加えて、附録の形で男子用と重複していない「女子用」の項目を載せています。そこでは、良妻賢母となる女性を育てる教育内容が述べられています。

今でこそ、日本では男女同権が声高に叫ばれ、女性の権利、女性の社会進出が推進されていますが、世界各国では本来、「夫を支え、子供を育て、家を守る良妻賢母」というのがまだまだ主流だと思います。基本的に、この考え方に面と向かって心から反対する国家はないでしょう。

この教科書をはじめとする戦前戦中の教科書と、今の日本の教科書を世界中の国の人に見せてみて、どちらが筋が通っているか聞いてみるとわかります。例えば、今のウクライナの人にどちらの教科書が正しいか聞けば、昔の教科書の方が絶対正しいと言うと思います。「武器を取って戦うことを放棄する」とか、「みんなの善意で守ってもらうことを期待する」とか、現在戦禍にあるウクライナに限らず、どの国の人もまともなことだとは思わないのではないでしょうか。

その一方で、親孝行や先祖を敬うというようなことを、今の日本の教科書は全く無視しています。今の子供たちは「忠」も「孝」も知りません。そういう点でもこの『復刻版　高等科修身　男子用』の方がグローバルスタンダードだと思います。

もちろん時代的なものもあるので多少アナクロになっている箇所はありますが、この教科書の基本的な精神はどこの国の人でも理解できるものです。

私が教わった二人の家庭教師が共通して言っていたのは、「今度の戦争は、負けたように見えるが、本当は負けていない。たまたま運が悪くて敗戦になったが、こんなものはすぐ取り返せる。必ず日本は復興する」ということでした。

僕は今でも思っていますが、先の戦争があのまま継続していたら、日本はアフガニスタンかベトナムのように、ゲリラ戦の末に国家が持ちこたえた可能性があります。特にベトナム戦争は、当時本土決戦を狙っていた人たちの作戦通りに事が進んだケースだと思います。いくら空爆されても、地下に潜って敵軍が来たらゲリラ戦を繰り返すうちに、やがて遠征軍は消耗していきます。

当時の日本の場合は、あの段階では他に支援してくれる国がありませんでしたが、支那事変時の中華民国より終戦間際の日本の方が絶対状況は良かったのです。あの援蔣ルート（アメリカ・イギリス・ソ連などが蔣介石率いる重慶国民政府への支援物資を送るために使用された輸送路）があったので潰せませんでしたが。

日本は結局資源というか石油がなくなって敗戦しましたが、日英同盟のあった日露戦争の時のように、イギリスのような大国のバックアップがあれば勝っていました。日露戦争の時より条件は良かったわけですから。例えば、ヨーロッパ戦線でドイツが勝っていれば……と考えることはあります。

本当は日本の戦略は、勝つつもりはなくて、いい条件で和平しようと思っていたのでしょうが、チャンスを逃しました。

戦後教育ですっかりやられてしまったせいで多くの国民が、「当時の政府が軍部に牛耳られ、国民が間違った軍国教育をされたせいで日本は破滅の道を進んだ」と洗脳されていますが、そうではありません。

例えば、北朝鮮は非常に貧乏な国ですが、戦略的には米中などの大国と対等に渡り合っています。これは北朝鮮を過大評価しているわけではなく、多分北朝鮮は国のシステムとして、かつて日本が欧米列強と互角に渡り合っていた通りにやっているんだと思います。だから北朝鮮の国力が今の十倍ぐらいあればとんでもないことになりますが、そうではないのが不幸中の幸いです。

その一方で日本は戦後教育によってうまく骨抜きにされて、今、立ち回りが世界一下手な国になっています。だから、教育が重要なのです。

僕は、チベット亡命政府や東トルキスタン独立運動などを応援しています。特にチベット亡命政府とは、毎年一人医学部に入学したチベット人を医者になるまで援助するという契約を結んでいます。

これは国家を思う心には国境はなく、国家を守るために一番大事なのは心と教育であると考えるからです。だから奨学金には非常に力を入れています。

本書の附録に「教育勅語」がありますが、これが何よりも重要です。

教育勅語はそっくりそのまま現在に復活するだけでいいです。そうなったら最高です。なんだったら国の基本方針にしてくれてもいいくらいの内容です。

マッカーサーは、軍閥と財閥を解体するために教育から壊そうという計画で、まず教育勅語を廃止しました。だから内容までは考えていなかったと思います。内容だけ考えたら、教育勅語に反対する国などないはずです。日本が教育勅語を国の教育の基本方針だと言ったところで、どの国も抵抗しないと思いますし、抵抗される筋合いのものでもありません。

教育勅語を「軍国主義の象徴」と言うような人たちは、天皇陛下からいただいたお言葉、勅語というのが、きっと気に障るのでしょう。

もう一つ、附録になっている「開戦の詔勅」についてですが、戦争を始めたというイメージでちょっと悪く捉えられがちですけれど、実際は非常に重要なお言葉だと思います。

例えば、これとほぼ同じ内容のことをベトナムやイラク、あるいはウクライナが言ったとしても違和感が全くないわけです。つまり、そっくりそのまま国を置き換えれば今でも十分通用する、世界に発するメッセージになるのです。

「戦いたくはないけれど、仕方ない。これはやらなければいけない」というのは、何にも間違ったことを言っていないし、終戦の詔勅とも矛盾していません。あそこで立たなければ国家の尊厳も何もあったものではありません。アメリカから無理な要求を突きつけられ、恫喝されたわけですから、日本には立ち上がる大義があったわけです。そして立派に戦って立派に負けた。その後の国家再興も元気よく行く、この次は勝つぞと思ったら、教育を骨抜きにされてしまいました。

この詔勅では、昭和天皇は「軍備だけではなくて、経済も大事だ」と気が付かれているように見えます。明治天皇の頃から「富国強兵」のスローガンで、経済と軍備は両方大事とおっしゃっていましたからね。北朝鮮などは強兵だけやって全然富国できていませんが……。


日本の教育は、昔からそうなのですけれど、とにかく詰め込み主義で、こちらで考えてることを全部教えて、教えた通り正確に答えられるかの繰り返しです。

一昔前の大学入試では、問題文が朝日新聞の天声人語から出題されると言われて、「入試に受かりたかったら朝日新聞を読め」という環境が作られてしまいました。そうなったら、みんな頭の中が朝日新聞のようになってしまうのも仕方ないです。

この例でも分かるように、情報が遮断され、限られた場所からしか入手できなければ北朝鮮の人民のようになります。だから教育が大切なのですね。

しかし現在の文部科学省を見ると、僕の小学校時代の先生みたいな人たちばかりのようです。特に、以前文科省の事務次官を務め、天下りの斡旋をして文科省を辞めた前川喜平氏は本当にひどかった。

彼が在任中に公費で出会い系バーに通ったあげく「女性の貧困問題の調査だ」と言い訳したのはさんざん報道された通りですが、そういう倫理観のなさだけでなく、文科省を辞めた後も萩生田光一文科相について「教育勅語を本気で復活させかねない人物であり、非常に危険だ」と言ってみたり、野党が選挙で大敗すると「有権者がアホ」と言ったりするような、非常に問題が多い人物です。こんな人物が官僚のトップである事務次官に就いていたのが、文部科学省という役所だったわけです。しかも、懲戒免職にしても足りないくらいなのに巨額の退職金が支払われたというのだから、開いた口が塞がりません。

彼が僕の故郷である愛知県西尾市で講演会を開くと聞いたときに、僕は生まれてからずっと住民票を置いていた西尾市から住民票を移しました。こんな人物に講演会をさせるために、僕は税金を払っているわけではありません。それぐらい許せなかったということです。

僕としては、もうとっくに彼の言うことを聞く人などいなくなってると思っていたのですが、支持する人が未だにたくさんいるのですね。報道されたようなことを知っているだけでも、十分に信用できない人物だとわかると思うのですが。

ともあれ、せっかくこのような人物を浄化することができたのですから、あとは「教育勅語」を国の教育の基本方針にしてくれるような、骨のある文部科学省の官僚が現れてくれないかと願うばかりです。僕も出来る限りのことはしたいと思っています。

（終）

昭和二十年一月十二日印刷
昭和二十年一月十五日發行

（非賣品）

著作兼發行者　文部省

東京都小石川區久堅町百八番地
印刷者　大橋光吉

東京都小石川區久堅町百八番地
印刷所　共同印刷株式會社

『高等科修身 男子用』について

本書は昭和19年発行の国民学校高等科一学年男子用、昭和20年発行予定の二学年男子用の修身教科書の合本で、我が国最後の修身教科書である。帝国憲法や教育勅語、軍人勅諭などに込められた精神を、実例をもってわかりやすく説明するとともに、国家の非常時における国民の心構えを説いた、戦時色の濃い内容となっている。附録には、一学年女子用の教科書から、男子用と重複のない章を収録しており、戦時中の女子教育の一端を垣間見ることができる（二学年女子用の存在は確認できず）。
昭和19年4月から高等科生徒の勤労動員が本格化したため、その年に発行された一学年用の『高等科修身一』を使った授業は満足に行われず、昭和20年3月には全学徒（初等科除く）の授業停止と総動員が決定されたため、二学年用の『高等科修身二』は発行に至っていない。終戦後、『高等科修身』の教科書は他の修身教科書と同様、ＧＨＱの指示によって回収され、修身の授業そのものも廃止された。以後、日本の子供が学校で「修身」を学ぶ機会は失われたままである。

編集協力：和中光次

［復刻版］高等科修身 男子用

令和5年 3 月 7日　　第1刷発行

著　者　　文部省
発行者　　日高 裕明
発　行　　株式会社ハート出版

〒171-0014 東京都豊島区池袋 3-9-23
TEL03-3590-6077 FAX03-3590-6078
ハート出版ホームページ https://www.810.co.jp

Printed in Japan ISBN978-4-8024-0152-4
印刷・製本 中央精版印刷株式会社

［復刻版］**中等歴史**［東亜及び世界篇〈東洋史・西洋史〉］

驚くほど公正な戦時中の中等学校「世界史」

三浦小太郎 解説

ISBN978-4-8024-0133-3　本体 1700 円

［復刻版］**高等科国史**

未使用・未刊行　世に出ることのなかった“幻の教科書”

三浦小太郎 解説

ISBN978-4-8024-0111-1　本体 1800 円

［復刻版］**初等科国史**

ＧＨＱに廃止された「我が国最後の国史教科書」

三浦小太郎 解説　矢作直樹 推薦

ISBN978-4-8024-0084-8　本体 1800 円

［復刻版］**国民礼法**

ＧＨＱに封印された日本人の真の礼儀作法

竹内久美子 解説

ISBN978-4-8024-0143-2　本体 1400 円

［復刻版］**初等科修身**［中・高学年版］

ＧＨＱが葬った《禁断》の教科書

矢作直樹 解説・推薦

ISBN978-4-8024-0094-7　本体 1800 円

［復刻版］**初等科国語**［中学年版］

葛城奈海 解説　矢作直樹 推薦

ISBN978-4-8024-0103-6　本体 2000 円

［復刻版］**初等科国語**［高学年版］

小名木善行 解説　矢作直樹 推薦

ISBN978-4-8024-0102-9　本体 2500 円

［復刻版］**初等科地理**

宮崎正弘 解説　矢作直樹 推薦

ISBN978-4-8024-0123-4　本体 1700 円

［復刻版］**ヨイコドモ**［初等科修身　低学年版］

矢作直樹 推薦

ISBN978-4-8024-0095-4　本体 1600 円

［復刻版］**よみかた上・下**［初等科国語　低学年版］

佐波優子 解説　矢作直樹 推薦

ISBN978-4-8024-0100-5　箱入りセット　本体 4500 円